사상과 인물로 본
철학적 인간학

사상과 인물로 본
철학적 인간학

초판 1쇄 발행 2020년 7월 10일
초판 2쇄 발행 2023년 6월 26일

—

지은이 박찬구
펴낸이 이방원
책임편집 조성규   **책임디자인** 양혜진
마케팅 최성수 · 김 준   **경영지원** 이병은

—

펴낸곳 세창출판사
신고번호 제1990-000013호 주소 03736 서울시 서대문구 경기대로 58 경기빌딩 602호
전화 02-723-8660 팩스 02-720-4579 이메일 edit@sechangpub.co.kr 홈페이지 http://www.sechangpub.co.kr
블로그 blog.naver.com/scpc1992 페이스북 fb.me/Sechangofficial 인스타그램 @sechang_official

—

ISBN 978-89-8411-954-3 93110

이 도서의 국립중앙도서관 출판시도서목록(CIP)은 서지정보유통지원시스템 홈페이지(http://seoji.nl.go.kr)와
국가자료공동목록시스템(http://www.nl.go.kr/kolisnet)에서 이용하실 수 있습니다.(CIP제어번호: 2020027484)

사상과 인물로 본

박찬구

철학적 인간학
Philosophical Anthropology

세창출판사

저자 서문

이 책은 저자가 지난 10여 년간 대학 강단에서 '철학적 인간학'을 강의해 온 결과물이다. 저자가 소속된 윤리교육과는 '윤리학 개론'을 필수로 가르치는데, '철학적 인간학'은 윤리학을 수강한 학생들이 윤리학의 배경에 놓여 있는 다양한 인간관에 대해 좀 더 깊게 성찰할 수 있도록 돕는 과목이다.

윤리교육과에 부임한 후 저자의 스승 진교훈 선생님이 개설하신 이 과목을 강의하는 일은 쉽지 않았다. 우선 철학적 인간학이 내포한 흥미로운 내용에도 불구하고 그것을 짜임새 있게 전개한 교재를 찾기 힘들었다. 또한 이 학문의 특정한 시대적 배경(20세기 전반기)과 다소 생소하게 느껴지는 대표 학자들(셀러M. Scheler, 겔렌A. Gehlen, 플레스너H. Plessner, 란트만M. Landmann 등) 때문인지 학생들로부터 기대한 만큼의 호응을 얻지 못했다.

저자의 대안은 특정 시대의 문제의식을 반영한 '고유명사로서의 철학적 인간학'이 아니라 시대와 장소를 넘어 폭넓게 인간의 문제를 다루는 '보통명사로서의 철학적 인간학'을 다루는 것이었다. 이때 눈에 띈 책이 한자경 지음 『동서양의 인간 이해』(서광사, 2001)였다. 저자는 위 책을 수차례 교재로 사용하여 강의를 진행하면서 본서의 내용을 구상하게 되었다. 그 결과물이 바로 본서의 제1부에 담긴 세계 4대 사상(고대 그리스, 그리스도교, 불교, 유가)의 인간관이다. 따라서 이 부분은 위 책의 내용에 빚진 바가 크다. 이 자리를 빌려 한자경 교수께 깊은 감사의 뜻을 전하고 싶다.

인류의 위대한 스승들의 가르침을 몇 차례의 강의로 온전히 전달한다는 것은 애초에 불가능한 일이다. 이에 저자는 '철학적 인간학'의 취지를 살려 주로 인간의 실존적 자각, 삶과 죽음, 영혼의 문제에 관심을 기울이기로 하였다. 그런데 이런 주제들은 개인의 철학적, 종교적 신념과 관련되어 있어서 때로는 민감하고, 다루기에 조심스러운 측면이 없지 않다. 여기서 저자가 취한 방침은 어떤 특정한 입장에 서지 않고 각 사상이나 인물의 입장 자체 속으로 들어가 일관되게 그 입장에 서서 논한다는 것이다. 이런 방침은 제2부에서 여섯 철학자들(칸트, 키르케고르, 니체, 셸러, 하이데거, 레비나스)의 인간관을 다룰 때에도 일관되게 유지된다. 본서에 각 사상이나 인물에 대한 평가가 담긴 '결론'이 생략된 것도 이런 이유에서이다.

제2부의 내용은 오늘날 우리 젊은이들의 실존적 문제의식과 관련되어 있다. 어느 시대에나 방황하는 젊은이들의 문제의식과 고뇌는 있게 마련이지만, 저자가 보기에 오늘날 우리 젊은이들이 겪는 난제들 중 일

부는 철학적 인간학의 근본 과제와 맞닿아 있고, 어쩌면 거기서 어떤 해답의 실마리를 찾을 수도 있으리라 여겨진다. 학생들의 수강 소감 중 "정신적 힐링의 과정이었다"라든가 "강의를 통해 스스로 생각하는 과정에서 어떤 정신적 난제가 풀리는 듯한 경험을 하였다"라는 등의 표현에서 저자는 철학적 인간학이 지닌 일종의 '철학적 치유'의 가능성을 엿보게 된다.

이 지면을 통해 감사를 표해야 할 분들이 더 있다. 먼저 이 땅에 '철학적 인간학'이라는 학문이 자리 잡도록 초석을 놓고 '한국철학적인간학회'를 창립하여 그 학문이 더욱 발전하도록 길을 닦으신 은사 진교훈 선생님께 변함없는 존경과 감사의 인사를 드린다. 다음으로 저자에 대한 꾸준한 신뢰로 좋은 책을 쓸 수 있도록 늘 격려해 주시는 김명희 이사님을 비롯한 세창출판사 관계자 여러분께도 깊이 감사드린다. 끝으로 그간 열심히 수업에 참여함으로써 저자에게 지적 자극과 도전의식을 불어넣어 준 서울대학교 윤리교육과의 학부('철학적 인간학')와 대학원('인간학 특강') 학생들에게도 고마운 마음을 전한다.

2020년 6월

박찬구

차례

─────── 제2부 ───────

제1부

Käthe Kollwitz, Tod mit Frau im Schoß, 1921

1장

서론

삶에 대한 근본적 물음과 철학적 인간학

인간은 어디서 와서 어디로 가는가? 인간은 과연 무엇을 위해 살고
있는 것인가? 이것은 결국 "나는 누구인가?"의 물음이다. 치워놓을 수
없는 화두, 멀리하고자 달아나 다른 곳으로 가보아도 나보다 먼저 그
곳에 와 있어 나를 맞이하는 물음이다. … 수천 년 동안 수많은 사람
들이 묻고 또 물었지만 아무도 더 이상 의문의 여지가 없을 만큼 확실
하고 궁극적인 답을 제시할 수 없었던 물음, 어디에서 어떤 방식으로
답을 찾아야 하는지, 답의 진위의 기준이 무엇인지, 답이 과연 있기나
한 것인지, 아니 물음 자체가 제대로 물어진 것인지, 그것조차 분명치
않은 물음, 그럼에도 불구하고 누구나 철들기 시작하면 묻기 시작하

고, 누구나 인생의 짐이 무겁고 아프게 느껴질 때 애타게 그 답을 찾아 헤매지만, 끝내 그 답에 이르지 못한 채 더 큰 허망함만 갖게 되는 물음, 지금 여기에서 그 물음이 다시 물어지고 있다.[1]

그렇다. 이러한 회피할 수 없는 물음, 즉 운명적인 물음과 한번 정면승부를 해 보자. 이 물음은 의미 있는 삶을 추구하는 자라면 결코 비켜갈 수 없는 물음이므로.

1. 운명적인 물음

저 가슴 깊은 곳에서부터, 내 영혼의 깊은 우물 밑에서부터 절실한 질문 하나가 두레박을 타고 올라와 나를 적시고 있었다.

– 나는 누구인가.

나는 바람에 쓸리는 머리칼을 부여잡으면서 신음하였다.

– 이곳에 앉아 있는 나는 누구인가. 나는 어디서 왔으며 어디로 가고 있는가.

…

우리에게 있어 인생은 보다 맛있는 것을 먹고, 보다 유명해지기를 바라며, 남보다 더 잘 살기 위해 남을 짓밟으며, 보다 큰 권세를 잡아 남

---

1   한자경, 『동서양의 인간 이해』, 서광사, 2001, 5쪽.

을 짓누르고 지배하려 하며, 보다 큰 소유로서 훌륭한 집과 훌륭한 의복과 풍요한 물질을 꿈꾸고 있다. 그것을 우리는 멋진 인생이라고 부른다.

…

나는 수도자도 아니고 구도자도 아니다. 나는 평범한 인간이다. 그러나 나는 말한다. 인간이 무엇을 추구하는 것이 옳은 것이냐. 나는 무엇 때문에 이 세상에 태어난 것일까. 나는 무엇을 향해 가고 있으며 마침내 어디로 가고 있는 것일까.

…

나는 학문의 길이 내가 찾은 새 왕국의 길임을 깨달았다. 그리하여 나는 학문의 길을 통해 진리의 길을 걸어왔다. 그러나 과연 내가 걸어온 길이 진리의 길이라 말할 수 있을까. 지식은 헛간을 채운 쓰레기에 지나지 않는다. 지식은 거짓말에 지나지 않는다. 내 지식은 꾸밈과 수식과 사기에 지나지 않는다. 나는 사기꾼이다. 나는 위선자며 지식을 가장한 마술사에 지나지 않는다.

나는 가슴을 에는 절실한 고통으로 바위 위에서 떨어져 죽고 싶었다.

- 그렇다면 무엇이 진리인가.

무엇이 참다우며 무엇이 올바른 인간의 길인가. 우리 인간은 무엇이며 우리가 살아가는 인생의 의미는 무엇인가. 우리는 누구나 길 위에 떨어져 있다. 길 위에서 태어나고 길 위에서 자라며 마침내 길 위에서 죽어 간다. 누구나 자기의 길을 가지 않으면 안 된다. 그 길 위에 서 있는 사람을 우리는 인간^{人間}이라 부르며, 그가 걸어가는 길을 우리는 인생^{人生}이라고 부른다. 우리는 그 길을 가면서 무엇을 꿈꾸는가. 보다 많이 갖고, 보다 많이 유명해지고, 보다 많이 즐기는 욕망인가. 그것은 짐승의 길이다. 그것은 본능의 길이며, 본능은 인간을 짐승으로 전락시킨다. 우리는 길 위에 서 있다. 우리는 그러므로 누구나 나그네일 수밖에 없다. 함께 갈 벗이나 길동무가 있을 수 있겠지만 그 길은 혼자서만 도달할 수 있는 길이다. 그 길 끝에 도착할 수 없으면 우리는 몇 번이고 다시 길 위에 나서 먼 여행을 되풀이해 떠나야 할 것이다. 그렇다면 무엇이 올바른 인간의 길인가. [2]

이 글은 한 소설에 등장하는 주인공의 처절한 독백이다. 그는 몰락한 왕조의 후손으로서 변화된 환경에 적응하여 살아남기 위해 나름대로 최선을 다했다. 하지만 이제 위기의 순간을 맞았다. 그는 자기에게 주어진 삶의 의미, 즉 참된 진리를 알고 싶어 하지만, 이를 알지 못해 '죽고 싶을 정도로' 괴로운 지경에 이른 것이다. 따지고 보면 이와 같은 절실한 물음은 어느 특정인의 전유물은 아니다. 자신의 삶을 성찰하며 사는 사람이라면 누구나 언젠가는 직면해야 하는 운명적인 물음인 것이다.

---

2 최인호, 『길 없는 길 (3)』, 여백, 2002, 174~177쪽.

2. 삶의 의미에 대한 성찰

　나를 포함한 어느 누구도 자기의 의사로 이 세상에 태어난 사람은 없다. 선택의 여지 없이 생이 그냥 주어진 것이다. 그렇다면 내게 주어진 삶은 어떤 이유나 의미가 있는 것일까, 아니면 단지 우연의 산물일까?

　이 세상에 태어난 나는 사랑으로 보살펴 주시는 부모님 밑에서 본능적으로 어머니의 젖을 빨며 살았다. 차츰 커 가면서 나는 주위의 사람이나 사물을 알아보게 되었고 서서히 자신의 존재도 객관적으로 인식하게 되었다. 사람은 누구나 모든 것을 자기중심적으로 바라보는 경향이 있기 때문에, 나에게도 또한 나 자신이 가장 귀하고 그다음에 부모님, 그리고 그다음에 형제나 친구 등이 중요한 존재일 것이다. 그래서 어떤 때에는 인생이라는 거대한 드라마에서 나는 마치 주연배우 같고 다른 사람들은 단지 조연이나 단역으로 여겨지기도 한다. 그러나 점차 철이 들어 감에 따라, 나 자신이 별로 잘난 존재가 아니며 나의 부모나 주변 사람들 또한 별로 특별한 사람들은 아닐 것이라는 생각을 하게 된다. 또 상급학교에 들어와 학문을 배우면서 우리는 모든 것을 더 객관적으로 바라보게 된다. 그리하여 이제는 "'나'라는 존재가 어떤 특별한 존재가 아니라 많은 다른 '나'들 중의 하나일 뿐이며, 나의 탄생과 삶 또한 어떤 필연적인 의미를 지니는 것은 아니지 않을까?" 하는 의문에 휩싸이기도 한다.

　사실 '나'는 이 지구상에 살고 있는 수십억 명의 인간 중 하나일 뿐이며, 광대한 우주에 비한다면 그야말로 한낱 먼지에 불과한 존재인지도 모른다. 또, 태초부터 흐르는 유구한 시간에 비한다면 내 인생은 마치 한 순간의 섬광처럼 짧은 것인지도 모른다. 내가 태어나기 전에도 세상은 있었고, 내가 죽은 후에도 이 세상은 여전히 존재하며 시간과 더불어 흘러갈 것이다. 그렇다면 '나'라는 존재는, 잠시 풀잎에 맺혀 있다가 해가 뜨면 사라져 버리는 이슬 같은 존재요, 거대한 우주의 수레바퀴가 굴러가는 가운데 우연히 생겨났다가 우연히 사라져 버리는 먼지 같은 존재에 불과한 것은 아닌가? 그렇다면 너무나 허무한 일이 아닐까? 만약 나의 삶에 어떤 특별한 의미나 목적이 없거나, '내가 무엇을 해야 하고 무엇을 위해 살 것인지'를 알 수 없다면, 나에게 자유가 있다 해도 그것은 사르트르J. P. Sartre가 말한 것처럼 '저주받은 자유'에 불과한 것이 아니겠는가?

이렇게 생각할 때 결국 최종적으로 우리에게 남는 대안은 우리의 자연적인 욕구에 충실한 삶일 것이다. 우리는 우리의 본능이 이끄는 대로 좋은 의식주, 돈과 명예, 성적性的 쾌락 등을 추구하며 가장 '자연스럽게' 사는 수밖에 없을 것이다. 그리고 이 모든 것은 언젠가 다가올 우리의 죽음과 더불어 무無로 돌아갈 것이다.

보고, 듣고, 느끼고, 생각하는 주체가 사라진다면 결국 모든 의미도 사라지는 것인가? 우리가 살아가는 과정, 이 순간순간의 삶은 나름대로 의미가 있을 수 있는 것 아닌가? 우리에게 주어진 시간과 공간이 비록 유한한 것이라 해도, 그 안에서 어떤 의미와 영원한 것을 추구하는 인간의 노력은 그 자체로 의미를 가지는 것이 아닐까? 아니, 의미란 이 세상에, 또 우리 삶에 이미 주어져 있는 것이 아니라 우리가 찾아내야 하는 것, 우리 자신이 부여하는 것 아닌가?

3. 인간에 관한 물음과 철학적 인간학의 기원

'인간이란 무엇인가?'라는 물음은 대개 우리에게 익숙한 일상의 세계가 갑자기 흔들리게 될 때, 더 나아가 우리가 절박한 상황에 놓이게 될 때 생겨난다. 예를 들어 내가 깊이 사랑하고 의지하던 사람이 어느 날 갑자기 죽었을 때, 법 없이도 살 사람인 이웃이 억울한 일을 당하고 고통과 수모를 겪게 되었을 때, 또는 자기 자신이 예기치 않게 죽음의 위협을 받게 되었을 때 우리는 극도의 위기의식과 불안감 속에서 나는 누구이며, 인간이란 도대체 무엇이기에 이런 고통을 당해야 하는가 하고 묻게 된다.

이같이 개인적 차원의 한계상황이나 실존적 위기의식에서 생겨나는 물음도 있지만, 사회적 또는 범지구적 차원의 위기의식에서 생겨나는 물음도 있다. 모두 알다시피 우리는 오늘날 어느 때보다 더 극심한 위기감과 불안 속에서 살고 있다. 기후변화와 물·땅·공기 오염으로 인한 환경위기, 아직도 상존하는 전쟁의 위험, 사회 양극화와 빈부격차의 심화, 가정이나 공동체의 해체로 인한 고독과 소외감의 만연은 우리로 하여금 도대체 인간이란 무엇이냐고 묻지 않을 수 없게 만든다.

오늘날 인간이 어떤 존재인지를 해명하는 연구들은 많다. 제일 먼저 떠올려 볼 수 있는 것은 과학이다. 근대 이후 과학적 지식의 발달과 더불어 많은 과학들이 인간을 연구하고, 또 인간 존재의 많은 측면들을 이해하고 해명하는 데 큰 기여를 해 왔다. 생물학, 생리학, 심리학, 사회학, 행동과학, 인류학 등 경험을 중시하는 개별 과학들은 각기 자신의 방법론적 틀을 통해 인간을 해명하고자 한다. 그런데 이런 개별 과학은 각 방법의 특성을 통해 드러나는 인간 존재의 어떤 측면은 명쾌하게 해명해 줄 수 있지만, 그러한 방법으로 파악될 수 없는 다른 측면은 놓치고 만다. 다시 말해 그것들은 인간의 어떤 한정된 측면을 다룰 뿐, 전체 인간을 다루지는 못한다. 특히 인간 존재에 관한 중요한 물음들, 그의 기원, 운명, 고통, 죽음 등의 신비를 해명할 수는 없다. 경험과학의 기준과 방법으로는 그런 일을 할 수가 없는 것이다.

경험과학은 모든 대상을 '객관적으로' 파악한다. 그래서 개별 과학이 인간을 탐구하는 경우, 과학은 인간을 객관적으로 관찰되는 대상으로 삼는다. 그러나 본래적(본체적) 인간은 근본적으로 대상 세계(현상계)에는 존재하지 않기 때문에 과학은 본래적 인간을 해명할 수 없다. 인간 현존재의 의미 전체를 해명하는 차원은 객관적이고 경험적인 과학의 영역 안에 들어가지 않으므로 과학적 방법으로는 결코 파악될 수 없는 것이다.[3] "인간을 다루고 있는 특수 과학의 지식의 증가는 비록 그 나름대로의 가치는 있지만 인간 본성을 밝혀주기보다 오히려 은폐하는 경향이 있다"[4]라는 막스 셸러Max Scheler(1874~1928)의 지적은 인간 이해와 관련한 과학적 방법의 가능성과 한계를 잘 말해 주고 있다. 과학적·경험적 인간학의 한계를 넘어 철학적 인간학이 요청되는 이유도 여기에서 찾을 수 있다.

철학적 인간학philosophical anthropology[5]이란 말 그대로 인간에 관해서 (과학적으로가 아니라) '철학적으로' 성찰하는 학문이다. 부연하자면 철학적 인간

3 진교훈, 『철학적 인간학 연구 (I)』, 경문사, 1984, 12~13쪽 참조.
4 B. 몬딘(허재윤 역), 『인간: 철학적 인간학 입문』, 서광사, 2001, 8쪽에서 재인용.

학은 인간이 '세계와 역사 속에서 어떻게 자신을 체험하고 인식하는가?'
하는 구체적 물음을 통해 인간을 구성하는 본질과 존재론적 토대가 무엇
인지를 탐구하는 학문이다. 동서고금의 거의 모든 철학이 인간을 중심
에 두고 그의 본질, 인식, 자아 완성 등을 주요 주제로 삼아 왔다. 하지만
20세기의 실존철학 이래 현대인은 철학도 구체적이고 현실적인 인간에
게 더 관심을 집중하도록 요구하였고, 이를 계기로 등장한 학문이 바로
철학적 인간학이다. 이로써 '철학적 인간학'이라는 표현은 비교적 근래에
들어와 철학적 용어로 사용되기 시작했음을 알 수 있다. 이러한 고유한
의미의 철학적 인간학을 확립한 사람이 막스 셸러이다.

셸러는 철학적 인간학을 이렇게 정의한다. "철학적 인간학은 인간
의 본질, 그 본질의 구성, 자연의 영역들[무기물, 식물, 동물]과 모든 사물의 근
본에 대한 인간의 관계, 인간의 형이상학적인 본질적 기원과 세계 속에
있는 인간의 물리적·심리적·정신적 근원, 인간을 움직이게 하는 힘, 인
간의 생물학적·심리학적·정신과학적·사회과학적 발전, 또 이러한 발전
의 주요 가능성 및 그 실상에 대한 기초 학문이다."[6] 동시에 "철학적 인간
학은 인간에 관한 경험적 데이터를 종합적으로 끌어모으는 것이 아니며,
더욱이 과학의 결과들을 철학적으로 해석하는 과제를 가지고 있는 것도

<hr>

5 'anthropology'는 일반적으로 '인류학'이라 번역하는데, 우리나라 철학계에서 이를 '인간학'
이라 번역한 이유는 아마도 문화인류학을 비롯하여 인간을 과학적·실증적 방법으로 탐구하는
여타 개별 과학으로부터 철학적 인간학을 구분하기 위함일 것이다. 우리는 이 번역 용어를 통해
서도 철학적 인간학의 근본 취지를 엿볼 수 있다.

6 진교훈, 『철학적 인간학 연구 (I)』, 26쪽.

아니다"[7]라는 주의를 덧붙이고 있다.

4. 철학적 인간학의 역사

'인간을 철학적으로 탐구한다'라는 '일반적' 의미의 철학적 인간학은 사실상 철학의 역사와 일치한다. 인간학의 역사는 각각의 시대를 지배하였던 특성들에 따라 대략 세 가지의 주요 단계, 즉 우주 중심적, 신 중심적, 인간 중심적 단계로 나누어 볼 수 있다.[8]

인간을 우주 중심적 관점에서 이해했던 것은 그리스적 사고였다. 고대 그리스의 우주론에서 인간은 어디까지나 자연의 일부였다. 인간은 다른 사물들과 마찬가지로 자연법칙의 지배를 받고 자연법칙에 따라 처신할 때 자신을 실현할 수 있으며, 따라서 인간에 관한 연구는 자연학 ^{physica}의 영역에 속했다. 이어서 철학자들은 자연 속에서 특히 동물과 구별되는 인간의 본질을 알아내려 애썼고, 그 결과 그것을 인간의 정신^{nous} 또는 영혼^{psyche}이라 생각하였다. 특히 플라톤은 인간의 본질이 영혼, 그것도 정신적이고 불멸적인 영혼이라 생각했기 때문에 그의 주요 관심사는 이 영혼을 육체의 감옥으로부터 해방시키는 일이었다. 아리스토텔레스 역시 인간을 '이성적 동물'이라 부르며 인간 탐구에 있어 주로 인간의 정신

---

7 같은 책, 25쪽.

8 B. 몬딘(허재윤 역), 『인간: 철학적 인간학 입문』, 23~28쪽 참조.

부분을 다루는 영혼론^{psycho-logia}에 집중하였다. 이처럼 인간의 영혼과 그 인식 작용이 철학의 중심 과제로 등장한 이후 현대의 인간학에 이르기까지 이러한 전통은 길게 이어졌다. 이러한 흐름 속에서는 인간의 전인적^全^{人的} 측면이나 구체적 삶의 측면은 관심의 대상이 되지 못했다. 육체적 노동과 굶주림에 시달리는 인간, 쾌락과 고통, 행복과 불행이 엇갈리는 인간, 사랑하고 투쟁하고 죽어 가는 인간은 고찰 대상이 되지 못했다. 이와 같이 한쪽으로 편향된 인간관은 근대의 경험론적 사고와 실존주의를 통해 보완의 계기를 맞게 된다.

인간을 **신 중심적** 관점에서 이해하게 된 것은 중세 그리스도교적 사고였다. 중세인들에게 인간에 대한 탐구는 더 이상 그리스인들처럼 자연이나 우주를 배경으로 한 것이 아니라 신과 인간의 관계, 즉 그 구원의 역사로부터 이루어지게 되었다. 중세 철학을 대표하는 아우구스티누스는 신뿐만 아니라 인간의 영혼에 대해서도 열정적으로 탐구하였다. 그 이유는 영혼은 신이 그 자신을 가장 명백하게 계시하는 곳이기 때문이다. 아우구스티누스는 신의 계시를 통해 그리스 사상이 깊이 다루지 못했던 문제들, 즉 악, 죄, 자유, 인격, 자기 초월 등에 대해 사색하였다. 그의 인간학은 근본적으로 플라톤의 영향을 받았는데, 이는 영혼과 육체의 이원론, 인간을 본질적으로 영혼으로 환원하는 입장, 신체의 영향을 벗어난 예지적 지식의 완전한 자율성 등에서 엿볼 수 있다.

근대와 더불어 인간학 연구는 그리스 사상가들의 우주 중심적 태도와 그리스도교 신학자들의 신 중심적 태도를 버리고 **인간 중심적** 방향으로 나아갔다. 인간이 비로소 철학적 탐구가 시작되는 출발점이자 중심

점이 된 것이다. 그런데 데카르트를 비롯한 근세 철학자들은 모두 인간 중심적 입장에서 출발하면서도 여전히 형이상학적 성격을 띤, 즉 플라톤에 의해 고취된 인간학을 계속해 나갔다. 파스칼, 스피노자, 라이프니츠 등이 그 예이다.

　이러한 흐름을 바꾼 계기는 칸트가 『순수이성비판』을 통해 기존 형이상학의 불합리성을 폭로한 것을 통해 마련되었다. 칸트와 더불어 비로소 인간에 대한 새로운 연구 방식이 등장하게 된 것이다. 칸트에 의하면 인간은 세계에 대해서도, 인간 자신에 대해서도, 신에 대해서도 결코 절대적 지식에 이를 수 없다. 인간의 정신은 오직 실천적이고 도덕적인 성격의 지식에 도달할 수 있을 따름이다. 이러한 확신에 따라서 칸트는 실천적 성격을 지닌 인간학을 마련하고자 하였으며, 이를 통해 인간은 그 인격의 존엄성 측면에서 다른 존재들과는 차별화되는 존재임을 밝혔다.

　철학의 분과들 가운데 철학적 인간학이 차지하는 위상에 관하여 칸트는 다음과 같이 말한 바 있다.

1) 나는 무엇을 알 수 있는가?

2) 나는 무엇을 해야 하는가?

3) 나는 무엇을 희망할 수 있는가?

4) 인간이란 무엇인가?

첫째 물음은 **형이상학**이, 둘째 물음은 **도덕**이, 셋째 물음은 **종교**가, 넷째 물음은 **인간학**이 답변해 준다. 근본적으로 우리는 이 모든 물음을 인간학으로 간주할 수 있다. 왜냐하면 앞의 세 물음은 마지막 물

음에 관련되기 때문이다.[9]

이어서 칸트는 인간학의 의의와 과제에 관하여 다음과 같이 밝히고 있다.

> 문화적 진보를 통해 인간은 자신을 도야하는바, 문화에서의 모든 진보는 이렇게 획득된 지식과 기술을 세계를 위해 사용한다는 목표를 가지고 있다. 그런데 그러한 지식이나 기술을 적용할 수 있는 세계 안에서 가장 중요한 대상은 바로 **인간**이다. 왜냐하면 인간은 자기 자신의 궁극 목적이기 때문이다. …
>
> 인간에 대한 지식을 체계적으로 파악하는 학문(인간학)은 **생리학적** 관점 또는 **실용적** 관점에서 다루어질 수 있다. 인간에 관한 생리학적 지식은 **자연**이 인간에게 하고 있는 것이 무엇인지 탐구하는 데 주안점을 둔다면, 인간에 관한 실용적 지식은 **인간**이 자유롭게 행위하는 존재로서 스스로 무엇을 하고 있는지, 무엇을 할 수 있는지, 무엇을 해야 하는지를 탐구하는 데 주안점을 둔다.[10]

여기에서 '생리학적 관점의 인간학'이 과학적·경험적 인간학을 의미한다면, '실용적 관점의 인간학'은 자유의지의 주체로서의 인간학을 의

---

9   칸트, 『논리학』, A 25.
10   칸트, 『실용적 관점에서 본 인간학』, BA III~IV.

미한다는 것을 알 수 있다. 즉 전자가 인간을 '시공간의 한계 안에서', '현상계(감성계)의 차원에서', '경험적 자아의 관점에서' 바라보는 것이라면, 후자는 '시공간의 한계를 넘어서', '본체계(예지계)의 차원에서', '선험적 자아의 관점에서' 바라보는 것임을 짐작할 수 있다. 이러한 칸트의 시도는 인간학적 탐구를 통해 어떻게 유한한 인간으로부터 그의 숨겨진 무한성을 길어 낼지를 모색하는 과정이라 할 수 있다.

그런데 칸트 이후 현대에 접어들어 출현한 변수들, 즉 과학의 발달, 역사의식의 출현, 그리고 19~20세기의 여러 가지 요인들은 인간학 연구의 방향을 결정적으로 바꾸어 놓았다. 현대의 철학자들은 과거와 같은 형이상학적 토대를 버리고 역사, 과학, 문화, 사회학, 정신분석, 현상학 등의 다양한 방법론을 통해 접근하였으며, 그 결과 전혀 새로운 인간상들을 제시하게 되었다. 예를 들면 키르케고르의 고뇌하는 인간, 니체의 허무주의에 빠진 인간, 하이데거의 실존적 인간 등이 그러한 것들이다.

5. 철학적 인간학의 현주소

오늘날 철학적 인간학이 현대 학문의 다양한 접근법과 새롭게 제시된 인간상을 통해 참으로 발전했다고 말할 수 있을까? 유감스럽게도 그렇다고 말하기는 어렵다. 첫째는 인간의 본성 자체가 언제나 깊은 신비속에 놓여 있기 때문이고, 둘째는 철학적 지식의 본성이 단지 누적적인 것이 아니기 때문이다. 즉 돈오頓悟적 성격을 지니고 있기 때문이다.

철학적 지식은 과학적 지식처럼 진보하는 것도 아니고, 수학이나 실험과학이나 기술처럼 한 세대에서 다음 세대로 자동적으로 전수될 수 있는 것도 아니다. 그것은 차라리 지식이라기보다는 지혜(깨달음)에 가까우며, 자유로운 사색의 결과이면서, 금욕적·인격적·실천적·실존적 성격을 지닌다. "우리는 '철학' 그 자체가 아니라 오직 '철학함(방법)'만을 가르칠 수 있을 뿐"이라는 말도 이런 맥락에서 이해된다.

철학은 과학이라기보다는 오히려 지혜이다. 그것은 엄밀한 연구의 결과라기보다는 자유로운 사색의 결과이다. 그것은 금욕적 행위요, 절대적으로 인격적인 성취로서 언어적 매체에 의해서보다는 실천적 모범에 의해서 남에게 전달되는 것이다. 철학자는 정열적이고 헌신적으로 진리를 탐구하지만, 그 진리를 과학자처럼 명백하고 정확한 정식이나 수학적 법칙에 의해 남에게 전할 수 없다. 철학자는 다만 다른 사람들로 하여금 일정한 방향을 보도록, 즉 가장 참된 것, 확실한 것, 진정한 것, 심원한 것이 있다고 그가 믿고 있는 그러한 방식으로 보도록 도울 수 있을 뿐이다. 철학자는 진리를 가르쳐 주지 않고 그것을 발견할 방법(길)을 시사해 줄 뿐이다. 철학은 과학보다는 지혜에 더 가깝고, 인격적·실존적 성격을 지닌다.[11]

그렇다면 철학적 인간학의 현주소, 즉 위와 같은 탐구 혹은 고민의

---

11 B. 몬딘(허재윤 역), 『인간: 철학적 인간학 입문』, 29쪽.

과정을 통해 이르게 된 인간 이해는 어떤 것일까? 그것은 '인간은 명백히 모순된 특질들을 자신 속에 갖고 있는 일종의 불가사의'라는 것이다. 인간에 대해 탐구하면 할수록 우리는 인간 내에서 특별히 인간적인 어떤 것과 만나게 된다. 스스로 유한하면서도 무한한 것으로 나아가려고 하는 긴장이 바로 그것이다. 그는 '절대적 가치를 지니지만 그 절대성을 실현할 수 없는 존재', '무한한 가능성을 갖고 있지만 그것을 다 실현할 수는 없는 존재', '끊임없이 자신을 초월해 나가면서도 자신이 갈망하는 진리와 선과 행복에 이르지는 못하는 신비로운 존재', 한마디로 그는 '불가능한 가능성'인 것이다.[12]

　　이제 다음 장부터 과학적 인간관의 한계에 대한 고찰을 시작으로 이러한 '불가능한 가능성'을 찾는 대장정에 나서 보자.

12　같은 책, 30~31쪽 참조.

1. 다음 글은 칸트의 생각을 빌려 '과학은 인간의 마음을 파악하는 적절한 도구일 수 없음'을 역설하고 있다. 칸트는 왜 본체적(선험적) 자아가 인식될 수 없다고 생각하는지 그 이유를 말해 보자.

우리는 과학적 방법을 통해 인간의 마음을 얼마만큼 이해할 수 있을까? 일반적으로 과학은 객관적 관찰을 통한 인식에 근거한다. 무엇인가를 관찰하려면 관찰하는 나와 관찰되는 대상이 어느 정도 떨어져 있을 것(공간적 거리)이 전제된다. 만일 대상이 눈에 붙어 있다면 그것을 볼 수 없기 때문이다. 이런 이유로 칸트는 공간을 '외적 직관의 형식'이라고 규정했다. 그런데 나는 외부세계만을 보는 것이 아니라 그렇게 바라보는 나 자신을 보기도 한다. 내 몸을 외적으로 쳐다본다는 말이 아니라 시선을 안으로 돌려 그렇게 보고 느끼고 아는 나의 내면(즉 마음)을 보는 것이다. 이것을 내적 직관이라고 한다. 내적 직관은 내적으로 활동하는 나의 의식을 되돌아보는 것이다. 무엇인가를 보는 나를 의식하고, 무엇인가를 생각하고 있는 나를 다시 의식하는 것이다. 그런데 그렇게 나를 보는 순간, 그렇게 보여진 나는 조금 전 순간에 의식 활동을 하던 나이지 바로 그 순간의 의식 활동의 주체는 아니다. 그 순간의 활동 주체는 내적 직관에서 '보는 나'이지 '보여진 나'가 아니기 때문이다. 즉 내적 직관의 직관 대상으로 주어지는 나는 이미 그 주체에 의해서 대상화된 조금 전의 주체, 즉 과거의 주체이다. 나는 현재 순간의 나를 보는 것이 아니라 조금 전의 나를 보는 것이다. 외적 직관이 어느 정도의 공간적인 거리를 전제하고서 성립하듯이, 내적 직관도 직관 대상인 나 자신을 보기 위해서는 시간적 거리를 필요로 한다. 칸트가 시간을 '내적 직관의 형식'으로 규정한 것은 이 때문이다. 과학은 이처럼 시공간의 직관형식을 전제한 세계, 즉 '현상계'에서 통용되는 진리탐구의 방법이다.[13]

자, 이제 내가 과학적 방법으로 나 자신의 마음을 파악하려 시도한다고 해보자. 심리학적 방법으로 접근하는 것이다. 내가 나 자신의 욕구와 의도를 심리학적으로 분석할 때, 분석 대상이 되고 있는 '나'는 이미 객관적 관찰 대상이 된 '나'요, 시간적으로 '과거의 나'이다. 그것은 항상 새로운 결단의 가능성을 내포한 '지금의 나'가 아니다. 이러한 나(의식 활동 중인 나)는 늘 전제되어 있기는 하되, 결코 이런 식의 분석이나 설명 대상은 될 수 없다. 칸트의 용어를 빌리자면, 과학적 방법으로 파악된 자아는 현상적(경험적) 자아일 뿐, 본체적(선험적) 자아가 아니다.

이러한 본체적 자아는 규정될 수 없고 인식될 수 없다. 그것은 현상의 근거이지만 현상은 아니며, 일체의 보편타당한 인식의 근거이지만 그 자체는 인식되지 않는 '물자체'이다. 이 자아는 '나는 나다'라는 자기의식으로서 의식될 뿐, 그 구체적 내용이 규정되지 않으므로 인식될 수 없다. 물론 우리는 자아에 대해 많은 것을 안다. 그러나 우리가 자아에 대해 아는 것은 모두 자아가 자기 자신을 대상화해서 인식한 것, 즉 현상적 자아에 대한 인식일 뿐, 그렇게 현상을 인식하는 인식 주체

---

13 한자경, 『칸트 철학에의 초대』, 서광사, 2006, 45~46쪽.

자체, 즉 본체적 자아에 대한 인식은 아니다. 현상세계를 바라보고 인식하는 자아는 이 세계를 바라보는 자기 자신에 대해서는 알지 못하는 것이다. 세계를 보는 눈은 자기 자신을 볼 수 없고, 세계를 아는 자아는 자기 자신은 알 수 없는 것이다.[14]

14 같은 책, 274~275쪽.

2. 다음 글 ①은 인간 안에 숨겨진 무한한 것, 곧 절대적 가치를 지닌 것은 정신의 중심인 인격임을 말하고 있고, 글 ②는 그것이 다름 아니라 주객^{主客}·자타^{自他}의 이분법적 구도를 넘어서 찾아지는 우리의 마음, 곧 일심^{一心}임을 암시하고 있다. 이 두 편의 글을 통해 철학적 인간학이 궁극적으로 지향하는 바에 관해 생각해 보자.

① (인격으로서의) 인간만이 생명체로서의 자기를 **넘어서** 초월할 수 있으며, 또한 하나의 중심으로부터 시간적·공간적 세계의 **피안**에서 **모든 것**을, 심지어 자기 자신까지도 그의 인식의 대상으로 삼을 수 있다. 그러므로 인간은 정신적 존재로서 스스로 생명체이면서 또한 자기 자신과 세계를 넘어서 있는 존재이다. 그러한 존재로서 인간은 또한 풍자와 유머도 갖고 있다. 풍자와 유머는 언제나 자기 자신의 현존재를 넘어섬을 내포하고 있다.

그러나 인간이 (자기의 신체와 심리를 포함한) 공간적·시간적으로 풍요한 세계를 대상화하는 활동을 수행하는 중심은 이 세계의 '부분'이 될 수 없다. 따라서 그것은 특정한 시공간상의 지점을 가질 수 없다. 그것은 오직 **최고의 존재근거** 자체 속에 자리 잡고 있을 뿐이다.

… 정신은 스스로 대상화할 수 **없는** 유일한 존재이다. 정신은 **순수한 활동성**이며, 오로지 **그의 활동의 자유로운 수행에 있어서만** 자신의 존재를 가진다. 따라서 정신의 중심인 인격은 대상적인 존재도 아니고 사물적인 존재도 아니며, 단지 끊임없이 자기를 스스로 실현하는(**본질적으로 규정되는**) **활동들의 질서체**일 뿐이다. 인격은 단지 그의 활동 속에서만, 그 활동을 **통해서만** 존재한다. … 모든 심리적인 것은 대상화될 수

있으나, 정신활동, 지향, 심리적인 과정 자체를 바라보고 있는 자는 결코 대상화될 수 없다.[15]

② 인간 안에서 인간 이상以上을 발견하지 못한다면, 즉 인간이란 본래 우리가 대상적으로 규정하여 아는 그 이상의 존재라는 것을 알지 못한다면, 자연이란 본래 우리가 파악하는 자연 그 이상이라는 것, 신이란 본래 우리가 생각하는 신 그 이상이라는 것을 어떻게 감지할 수 있겠는가? 신 또는 자연을 대상으로서가 아니라 그 자체로 이해하기 위해서는 객관적 사유가 아닌 주체적 사유능력이 요구된다. 인간이 인간 자신에 대해서조차 주체적으로 사유하지 못한다면, 그 인간이 다른 무엇에 대해 주체적으로 사유할 수 있겠는가? 인간이 그 자신 안에서 인간 이상의 신비를 깨닫지 못한다면, 존재하는 그 모든 것이 우리가 표면적으로 인식하는 그 이상의 신비라는 것을 어떻게 예감할 수 있겠는가? 대상화된 신이나 대상화된 자연 너머의 그 이상의 것이 바로 인간 자신 안의 그 이상의 것과 근원적으로 하나라는 것, 인간의 본질이 바로 그 근원적 하나, 우리의 마음, 즉 일심一心이라는 것을.[16]

━━

15 막스 셸러(진교훈 역), 『우주에서 인간의 지위』, 아카넷, 2003, 78~80쪽.
16 한자경, 『동서양의 인간 이해』, 10쪽.

Käthe Kollwitz, Peter liest im Bett, 1908

2장

과학적 인간관을 넘어

인간의 본질과 죽음에 대한 성찰

근대 과학혁명 이후 자연과학의 눈부신 발전은 단순히 세계에 대한 지식을 확장하는 데 그치지 않고 인간 자신에 대한 이해의 폭도 넓혔다. 하지만 이에 따르는 부작용도 없지 않았다. 기계론적 세계관에 입각한 과학적 방법은 모든 대상을 객관적으로 관찰 가능한 것으로 바라보는 동시에 모든 현상을 분할 가능한 입자의 기계적 상호 작용으로 파악한 까닭에 자유의지의 주체인 인간의 의식과 정신까지도 물질화하는 결과를 초래했던 것이다.

주지하다시피 인간의 육체는 무기물의 세계를 이루는 것과 똑같은 화학적인 원소들로 구성되어 있다. 따라서 그것은 물질세계를 지배하는 것과 똑같은 물리적 법칙을 따를 뿐만 아니라, 아마도 물리학적으로 이해될 수 있는 방법으로 무기물로부터 진화되어 나왔을 것이다. "이제 우리는 인간이 무엇인지 알고 있다. 인간은 물질 이외의 아무것도 아니다!"라는 소박한 유물론자의 주장은 이런 생각에 근거한 것으로 보인다. 하지만 이런 주장은 혹 인간을 어느 한 측면에서만 바라보는, 즉 과학적 방법이라는 한 가지 접근법으로 파악하기를 고집하는 독단적 견해의 산물은 아닐까? 유물론자는 인간을 물질로 환원해 버리고서는 인간을 이해했다고 생각하지만, 이에 대해 우리는 "도대체 물질이란 무엇인가?"라는 근본적인 물음을 제기해 볼 필요가 있다.

1. 물질이란 무엇인가?

현대 물리학의 발달로 우리는 물질의 기본 구조에 대해서 많은 것을 알게 되었다. 우선 원자의 존재가 실증되었고, 이어서 원자를 구성하는 핵과 전자가 발견되었으며, 더 나아가 핵의 구성 요소인 양성자, 중성자, 쿼크quark 등 수많은 아亞원자 입자가 발견되었다. 그리하여 물질의 기본 단위로서의 소립자素粒子 개념은 사실상 폐기되었다. 아원자 물리학의 양자장量子場, quantum field 개념에 따르면, 물질은 개별적인 원자들로 구성되어 있는 것이 아니라 이보다 근본적인 물리적 실체, 즉 공간을 가득 채우고 있는 연속체로 되어 있다. 말하자면 장場이 유일한 실재이며 물질이란 이 장이 극도로 밀집된 공간을 가리키는 것이다. 빛이나 전자가 관측 방법에 따라서 때로는 입자로, 때로는 파동으로 파악되듯이, 미시 세계에서 바라본 물질이란 마치 무한한 창조성을 지닌 공空과도 같이 끊임없이 진동하는 소립자나 장들의 역동적 통일성에 기초해 있다. 이 세계는 모든 부분이 끊임없이 상호 작용하는 하나의 전체이기 때문에 독립적인 최소의 단위로 분해될 수 없다고 보는 양자장 개념은 '색즉시공 공즉시색色卽是空 空卽是色'이라는 『반야심경』의 구절 속에도 잘 표현되어 있다.

신과학운동의 선두 주자 카프라F. Capra에 의하면, 우리는 이제 근대의 기계론적 세계관으로부터 전일적全一的이고 생태적인 세계관으로의 패러다임 전환을 맞고 있으며, 이는 근대적 가치 체계의 한계를 극복할 수 있는 계기를 마련해 준다. 아인슈타인A. Einstein, 하이젠베르크W. Heisenberg, 보어N. Bohr 등 현대 물리학을 대표하는 인물들도 이러한 세계관과 실재관을 표명한 바 있다. 하이젠베르크의 '불확정성 원리uncertainty principle'는 '운동을 뉴턴식으로 형상화하는 것은 헛된 일'이라는 것, 미시 세계를 관찰하는 우리의 측정 행위 자체가 측정 대상에 영향을 미치기 때문에 '본질적으로 완벽한 측정은 있을 수 없다'는 사실을 일깨워 준다. 이는 우리의 자연이 근본적으로 주-객이 분리될 수 없는 성질을 지니고 있음을 말해 준다.

한편 보어의 '상보성 원리correspondence principle'에 따르면, 양자역학에서는 서로 공존할 수 없는 두 개의 배타적인 특성이 상보적으로 공존할 수 있다. 예를 들어 전자의 입자성과 파동성은 상보적이다. 전자는 입자이며 파동이다. 그런데 실험에서는 입자이면서 동시에 파동이 되는 실험은 절대로 할 수 없다. 입자에 대한 실험을 하면 입자를 보게 되고, 파동에 대한 실험을 하면 파동을 보게 된다. 보어는 이러한 모순된 현상의 원인이 우리의 '언어'에 있다고 지적한다. 문제는 전자가 이중성을 가진다는 '사실'이 아니라, 우리에게 입자성과 파동성을 동시에 상보적으로 가지는 상태에 대한 '언어', 즉 '개념'이 없기 때문이라는 것이다.[1]

자연이 양자물리학자들의 위대한 발견들을 통해서 우리에게 일깨워 주고 있는 점은 다음과 같다. 즉 우리가 알고 통제할 수 있는 것에는 제한이 있다는 것, 지난 수천 년에 걸쳐 과학자와 철학자가 이룩한 진보 덕분에 우리 스스로의 이해 능력이 무한하다고 생각했던 것은 오류였다는 것, 게다가 보이지 않는 또 다른 세계들이 존재할지도 모른다는 것, 그리고 우주는 극히 신비한 장소로서 지평선 바로 너머에는 사고와 이론의 혁명을 새롭게 요구하는, 더더욱 설명할 수 없는 현상들이 널려 있다는 것이다.[2]

물리학의 한 가지 목적은 물질세계를 정확하게 그려내는 것이었다. 20세기 물리학이 이룬 한 가지 업적이라면, 그런 목적은 달성될 수 없다는 것을 증명한 것이다. … 절대적인 지식이란 없다. 따라서 절대적인 지식을 주장하는 자들은, 과학자이건 독단주의자이건 간에

___

1 김상욱, 『김상욱의 양자 공부』, 사이언스북스, 2017, 106~108쪽 참조. 브로노프스키도 이러한 측면을 다음과 같이 지적하고 있다. "오늘날 우리가 사용하고 있는 어떠한 형식을 가지고도 자연을 기술하는 것은 불완전하다. 그 까닭은 자연이 지나치게 완고하고 별나서가 아니라, 우리가 가지고 있는 언어의 제한성 때문이다. 이 제한성은 언어에 대한 인간의 어쩔 수 없는 불완전성에 있는 것이 아니라, 언어 자체의 논리적 불완전성에서 기인하는 것이다"[J. 브로노프스키 (김용준 역), 『인간을 묻는다』, 까마고원, 2007, 253쪽].
2 레오나르드 플로디노프(조현욱 역), 『호모 사피엔스와 과학적 사고의 역사』, 까치, 2017, 398쪽 참조.

비극에 이르는 문을 여는 셈이다. 모든 정보는 불완전하다. 우리는 겸손하게 그것을 받아들여야 한다. 그것이 인간의 상황이다. 이것이 야말로 양자물리학이 우리에게 전하는 메시지이다.[3]

현대 물리학이 발견한 물질과 우주는 근대 과학의 기계론적 세계관으로는 제대로 이해될 수 없는 복잡계complex system요, 과거 거시 세계에서 통하던 운동법칙이나 접근법만 가지고는 설명될 수 없음이 더욱 분명해지고 있다. 이제 현대 물리학의 실재관은 만물의 상호 연관성과 상호 작용에 관한 통찰을 통해 부분과 전체, 주관과 객관이 결국 하나라는 인식에 다가가고 있다. 그리고 이러한 인식은 우리에게 과거 물질 시대에서 미래 의식 시대로의 패러다임 전환을 촉구하고 있다.

2. 인간은 동물이다!?

우주의 역사를 추적하는 현대 물리학에 따르면 우주는 약 138억 년 전에 한 점으로부터 커다란 폭발, 즉 빅뱅Big Bang을 통해 출현하여 지금 이 순간까지도 팽창을 계속하고 있다. 따라서 우리 몸을 비롯하여 우주를 구성하는 모든 물질은 이 빅뱅으로부터 출현하여 수많은 세월 동안 별의 형성과 진화와 폭발 과정을 통해 이합집산離合集散한 우주 먼지의 산물이

---

3   J. 브로노프스키(김은국 역), 『인간 등정의 발자취』, 범양사, 1993, 297쪽.

다. 이 우주 가스와 먼지들이 여기저기 모여 새로운 행성들이 만들어졌는데, 그중 하나가 약 46억 년 전에 생긴 지구이다. 그리고 원시 지구의 조건에서 유기물이 생성되고, 이것이 원시 생명체로 되었다가 다시 수십억 년에 걸친 진화 과정을 통해 최종적으로 인류가 출현했다. 이것이 대략 현대 과학이 제시하는 우주와 인간의 기원이다.

이와 같이 '무기물-유기물-원시 생명체-단세포생물-식물-동물'이라는 오랜 연속적 진화 과정을 거친 최종 산물로서 인간은 신체상으로든 정신상으로든 본질적으로 동물과 다르지 않다. 다만 동물로부터 진화하는 과정에서 치열한 생존경쟁을 거치며 살아남기 위한 노력의 결과로 뇌의 용량이 엄청나게 커진 것이 다를 뿐이다. 인간의 일상적 행동뿐만 아니라 이성적 사유나 도덕적 행위도 단지 살아남기 위해 체계화된 필요의 산물이며, 인간 내면에 잠재된 동물적 본능과 욕망에 따른 이기적 계산의 결과일 뿐이다. 그러므로 '인간이란 무엇인가?'에 대한 대답도 그의 삶의 방식과 행동 양식을 지배하는 무의식적·생물학적 메커니즘을 밝혀냄으로써만 얻어질 수 있다. 현대 사회생물학의 설명 방식 또한 이러한 진화론과 맥락을 같이한다. 진화론에서 중시하는 개체 보존 본능과 종족 보존 본능 대신 '이기적 유전자'를 핵심 변수로 내세운 점이 다를 뿐이다. 과연 이러한 생물학적 환원주의로 인간의 본질이 해명될 수 있을까?

사실 '인간은 동물이다'라는 명제는 새삼스러울 것이 전혀 없는 평범한 명제에 불과하다. 인간이 동물의 일종이라는 것은 모두가 알고 있는 하나의 생물학적 사실이기 때문이다. 그런데도 굳이 이런 주장을 한다는 것은 아마도 다른 동물과 차별화되는 인간의 특성이나 우월성을 인정하지 않겠다는 뜻일 것이다. 흔히 인간의 고유성으로 이성, 언어, 도구 사용 능력 등을 거론하지만, 철학적 관점에서 가장 큰 의미를 가지는 것은 인간의 탈중심적脫中心的 사고 능력 또는 반성 능력이다. 이것은 인간이 자신 속에 갇혀 있지 않고 스스로를 대상화함으로써 자신을 객관적으로 파악할 수 있음을 의미한다. 다시 말해 인간도 다른 동물과 마찬가지로 식욕과 성욕 등 자신의 생명과 종족을 유지하기 위한 본능적 욕구들을 지니고 있지만, 인간은 자신의 욕망들에 대해서도 거리를 두고 거기에 대해 어떤 태도를 취할 수 있다는 것이다. 이러한 인간의 자기 초월 능력을 가리켜 실천이성 또는 자유의지라 부르기도 한다.

그렇다면 '인간은 동물이다'라는 주장은 인간을 자연법칙이 지배하는 현상적 차원에서만 바라보겠다는 것이며, 인간의 자기 초월 능력을 인정하지 않겠다는 뜻이다. 이러한 입장은 심리적 해방의 기제로 작용하기도 한다. 늘 자유의지에 의한 도덕적 결단을 내려야 하는 부담에서 벗어나 욕망을 마음껏 추구할 수 있는 명분을 주기 때문이다. 하지만 '인간은 동물이다'라는 말로 자신의 욕망을 통제할 수 있는 가능성을 무시한다고 해서 그러한 가능성 자체가 없어질 수는 없다. 아무리 그렇게 말한다 해도 그는 여전히 인간일 수밖에 없기 때문이다. 또 이러한 입장은 인간의 이성 능력을 제한적으로 해석하려 한다. 다시 말해서, 도구적 이성만을 인정한다. 인간의 욕망, 그중에서도 행복 추구의 욕망을 자명한 것으로 간주하고, 그러한 욕망의 충족에 관심을 기울이는 경우에 이성의 과제는 어떻게 하면 가장 효율적으로 욕망을 충족시킬 수 있을지 그 방법을 찾는 것이다.

3. 결정론과 자유의지

우리에게 자연의 섭리로서 본능적 욕망이 주어져 있음을 당연시하고 '우리는 어떻게 욕망을 잘 충족시킬 것인가?'를 묻는 태도와, 욕망으로부터 거리를 두고 '우리는 어떤 욕망을 가져야 하는가?', 즉 '우리는 어떻게 욕망을 통제할 것인가?'를 묻는 태도는 서로 다른 차원의 태도이다. 전자가 인간을 현상적 차원에서 현상적 자아로서 바라보는 태도라면, 후자는 그를 본체적 차원에서 본체적 자아로 바라보는 태도라 할 수 있다. 우리는 일차적으로 동물과 본능적 욕망을 공유하는 '물리적' 차원의 존재이면서 동시에 도구적 이성을 발휘하는 '심리적' 차원의 존재이기도 하지만, 더 나아가 자신의 욕망조차 반성적으로 바라볼 수 있는 '선험적' 차원의 존재이자 자유로운 정신의 소유자이기도 한 것이다. 이처럼 자신이 지향해야 할 궁극 목적 자체를 수립하는 이성(실천이성 혹은 도덕적 이성), 즉 '자유의지'야말로 인간의 참된 본질이 아니겠는가?

물론 뇌 과학 등 일부 현대 과학이 전제하는 바에 따르면, 인간의 자유의지도 관찰과 실험을 통해 그 존재가 증명되거나 반증될 수 있다. 즉 뇌 과학은 자유의지 문제를 철저하게 '관찰자'의 관점에서 자연주의적으로 다룬다. 그러나 자유의지란 일상적 삶의 '참여자'의 관점에서 인간 행위에 기본적으로 전제되거나 요청되는 개념이다. 그렇다면 뇌 과학은 애초부터 자유의지를 발견할 수 없는 관점에서 그것을 찾고자 시도하고 있는 셈이다. 모든 대상에 객관적으로 (자연법칙에 의해) 결정론적으로 접근하는 방식을 통해 어떻게 결정론적 방식 자체를 초월한 대상을 규정할 수 있단 말인가? 다음과 같은 현대 물리학자의 언급은 문제의 핵심을 잘 지적해 주고 있다.

> 사실 우주가 결정론적으로 작동한다는 것과 자유의지의 존재 여부 사이에는 간격이 있다. 철학에서 벌어지는 자유의지 논쟁은 주로 인간의 의식을 대상으로 한다. 이 경우 결정론의 문제는 뇌에 국한하여 적용해야 한다. 우주가 비결정론적이라도 의식을 만들어내는 뇌의 물리적 과정이 결정론적이라면 결정론적 관점에서 자유의지를 다뤄야 한다. 이것은 의식이 뇌의 물리·화학적 작용에 불과하다는 기계론적 관점을 지지하는 경우에만 유효하다. 신경 과학자로 대표되는 많은 과학자들의 입장이기도 하다. 하지만 의식에 비물질적인 측면이 있다면 자유의지에 대한 논의는 결정론뿐 아니라 과학의 범위를 넘어서게 된다.[4]

다음 인용문은 이 문제를 보다 상식적이고 실존적인 관점에서 설명해 주고 있다.

> 사건이 모두 인과적으로 정해져 있다고 믿는 사람은, 내 의지의 결단 역시 하나의 정해진 원인을 가지고 있긴 하지만 아직 그 원인이 알려져 있지 않을 뿐이라고 생각할 것이다. 그렇다면 의지는 **실제로는** 자

---

4   김상욱, 『김상욱의 양자 공부』, 120~121쪽.

유롭지 못한 것이 되고 만다. …

어떤 과학적인 심리학도 내가 살아가는 동안에 내려야 할 결단들을 덜어주지는 못한다. 미래에 대한 불확실성이 완전히 없어지지 않는 한, '나'라는 존재자는 어쨌든 스스로 결단을 내리지 않으면 안 되는 것이다. 이것은 이러한 결단들이 미리 정해져 있다고 믿든 안 믿든 간에 그러하다.[5]

4. 죽음에 대한 성찰

앞에서 우리는 인간을 각각 물리적, 심리적, 선험적 차원에서 파악하는 관점을 살펴보았다. 그런데 한 가지가 더 남아 있다. 그것은 바로 '실존적' 차원의 관점이다. 이는 키르케고르가 칸트나 헤겔 같은 선험철학자들에게 던졌던 것과 같은 물음, 즉 '신과 절대자에 관해 철학하는 너, 인간! 도대체 너는 어디에 서 있는가?'라는 물음에서 엿볼 수 있다.[6] 그렇다. 우리는 한편으로 자유의지를 지닌 존엄한 존재이기도 하지만, 다른 한편으로는 늘 현실 삶의 어려움과 불확실성 속에서 불안에 떨고 있는 실존적 존재이기도 하다. 사실 우리 삶을 힘들게 하는 한계상황들은 많다. 질병·고뇌·전쟁·죄·죽음, 그중에서도 죽음은 우리 자신과 세상 전체의

---

5   C. F. 바이쎄커(강성위 역), 『자연의 역사』, 서광사, 1995, 199~200쪽.
6   같은 책, 170쪽 참조.

종말을 의미하는 결정적인 한계상황이다. 법정 스님에게 죽음의 공포를 토로하는 소설가 최인호 선생의 말은 마치 우리의 심정을 대변하고 있는 듯하다.

하지만 스님, 저는 죽음이 두렵습니다. 두렵기 때문에 죽음이 아닐까요? 오죽하면 키르케고르는 "우리는 태어난 순간부터 병을 앓는다. 그것이 죽음에 이르는 병이다"라고 했겠습니까. 죽음이란 누구도 피해 갈 수 없는 병이지요. 어디서 와서 어디로 가는지 모르는 인생이지만, 죽음이 있기 때문에 인생이 의미 있어지는 것 같습니다. 모든 철학과 삶이 사고, 행동, 그 밑에는 죽음에 대한 공포가 있어요. 죽음이 무엇인지 알 수 없기 때문에 생기는 공포이겠지요. 죽음은 피할 수도 없고, 상상할 수도 없는 것인데 저는 오히려 죽음으로써 우리 인생이 완성된다고 봅니다.

...

침묵의 수도로 유명한 트리피스 수도원에서도 한 가지 말은 허용된다고 합니다. '메멘토 모리', 죽음을 기억하자는 말이지요. 수도사들이 서로 만나면 "형제여, 우리가 죽음을 기억합시다"라고 말한답니다. 얼핏 들으면, 삶을 얘기해야 하는데 왜 밤낮 죽음을 기억하자는 얘기를 하는지, 재수가 없다고 생각할 수도 있지요. 그렇게 우리는 죽음에 대해 별로 생각하지 않고 준비도 안 하는데, 그런 상태에서의 죽음은 느닷없는 피살과 같아요. 죽음에 대해 깊이 생각하면 할수록 우리의 인생은 깊어진다고 봅니다.

현대인들은 죽음을 불길한 것으로 여기면서 즉흥적이고 찰나적이며 현실적인 것에만 가치를 두고 있지요. 죽음을 잠시 저쪽에다 방치해 놓고, 마치 없는 것처럼 생각을 안 하고 있으니까 어느 날 갑자기 죽음의 문제가 내 앞에 닥쳐왔을 때 당황하고 마치 피살당하는 것처럼 죽게 되지요. 물론 죽음이 나의 문제로 다가올 때는 두렵고 고통스럽기만 합니다. 그럼에도 불구하고 죽음이 나에게 왔을 때 통곡하고 분노할 것인가, 아니면 두려움에 떨 것인가, 죽음에 대해 좀 더 자주, 깊이 생각하려고 합니다.[7]

이에 대한 법정 스님의 일견 평범해 보이는 말씀은 우리에게 어떤 해답을 암시해 주고 있다.

실제로 죽음이 닥치면 어떨지 모르겠지만 지금 생각으로는 무섭지 않을 것 같습니다. 우주의 질서처럼, 늙거나 죽는다는 것은 아주 자연스러운 일이지요. 죽음은 나무가 자라는 것처럼 자연스러운 일이거늘, 육신을 자신의 소유물로 여겨 소유물이 소멸된다는 생각 때문에 편안히 눈을 못 감는 것이지요.
죽음을 삶의 끝으로 생각하면 안 됩니다. 새로운 삶의 시작으로 생각할 수 있어야 합니다. 이런 생각들이 확고해지면 모든 걸 받아들일 수 있어요. 거부하면 할수록 갈등이 생기고 불편이 생기고 다툼이 생

7   법정·최인호, 『꽃잎이 떨어져도 꽃은 지지 않네』, 여백, 2015, 179~180쪽.

기는데, 겸허하게 받아들이면 편안해집니다.

죽음을 받아들이면 사람의 기량이, 폭이 훨씬 커집니다. 사물을 보는 눈도 훨씬 깊어집니다. 표면을 통해서 심층까지 들여다볼 수 있게 되는 것이지요.

이 세상에 영원한 것이 어디 있겠습니까. 사람도 살 만큼 살았으면 그만 물러나야지요. 사람이 만약 이백 년, 삼백 년씩 산다고 가정해 보세요. 얼마나 끔찍한 일입니까. 나무는 해가 묵을수록 기품이 있고 늠름해지지만, 동물인 사람은 나이가 들수록 세월의 풍상에 씻겨 추해집니다. 그만 몸을 바꾸라는 소식 아니겠어요? 때가 되면 폐차 처분하고 새 차를 갖듯이 말입니다. 이렇게 생각하면 죽음이란 조금도 두려워할 것 없는 지극히 자연스러운 일이에요. 대신 내가 지금 이 순간순간을 얼마나 나답게 살고 있는지가 우리의 과제이지요. 현재 주어진 시간과 에너지를 어떻게 쓰고 있느냐, 또 이것이 이웃에게 어떤 영향을 미치고 있느냐를 늘 생각해야 합니다.

죽음 앞에서 두려워한다면 지금까지의 삶에 소홀했던 것입니다. 죽음은 누구나 겸허히 받아들여야 할 자연스러운 생명 현상입니다.[8]

---

8 같은 책, 176~177쪽.

5. 사후에도 영혼이 존재하는가?

죽음에 대한 두려움과 더불어 항상 제기되는 물음은 '우리 육신의 죽음과 더불어 우리의 의식도 사라지는 것인가, 아니면 육신은 죽어도 우리의 의식, 즉 영혼은 어떤 형태로든 지속되는 것인가'이다. 영혼이 육신과 동일한 것인가 별개의 것인가의 문제, 즉 사후에도 영혼이 존재하는가 아닌가의 문제는 과학이 답할 수 있는 문제는 아니다. 우리의 정신이 신체와 밀접한 관련을 맺고 있고, 정신활동이란 전적으로 두뇌활동의 산물임이 과학적으로 입증된다 하더라도 그 양자가 곧 같은 것이라고 단정할 수는 없기 때문이다. 인간의 생전에 그 연관성이 입증된다고 해서 그가 죽은 이후에도 그럴 것이라고 단정할 수는 없는 것이다. 다음과 같은 피아노와 피아노 연주자의 비유는 이 문제를 알기 쉽게 설명해 준다.

예를 들어, 우리의 두뇌를 피아노로, 두뇌활동을 통해 생겨나는 심리 상태를 피아노 연주로 비유해 보자. 피아노 연주가 피아노의 움직임과 동시에 발생하며 그 피아노의 상태에 의존해 있다고 해서 피아노 자체가 연주를 행하는 것은 아니듯이, 심리 상태가 두뇌활동과 동시에 발생하며 그 두뇌 상태에 의존해 있다고 해서 두뇌 자체가 심리 상태를 만들어 낸다고 단정할 수는 없다. 오히려 피아노 연주에 피아노를 치는 연주자가 필수적이듯이, 심리 현상에는 두뇌를 움직이는 영혼이 필수적이라고 볼 수도 있는 것이다. 물론 피아노가 고장 나면 피아노 연주가 제대로 되지 않고, 피아노가 아주 망가져 버리면 피아노 연주가 아예 불가능하듯이, 두뇌가 손상되면 심리적 활동이 제대로 되지 않고, 두뇌가 아주 죽어

버리면 심리 현상도 정지되고 만다. 하지만 연주가 끝날 때 의자에서 일어서는 연주자를 떠올리듯이, 우리는 두뇌의 활동과 그에 동반하는 심리 현상이 정지할 때 그 자리를 떠나가는 영혼을 생각할 수 있다. 우리는 살아생전에 이 영혼 자체를 인식할 수는 없고 영혼의 활동 산물인 심리 현상만을 인식한다. 그러나 피아노 연주자가 자기 자신을 연주된 음악이 아니라 연주자라고 의식하듯이, 우리는 누구나 자기 자신을 심리 현상과 동일시하는 것이 아니라 그것을 가능케 한 영혼 자체와 동일시한다.[9]

> 왜 나의 두뇌를 움직이는 나의 영혼 자체는 인식되지 않는가? 그것은 영혼 또는 나 자신이 그 자체 주체이지 대상이 아니기 때문이다. 영혼은 그 자체 인식 대상이 아니라 일체의 대상을 인식하는 궁극적 주체이기 때문이다. 그리고 인간은 누구나 자기 자신을 그러한 궁극적 활동주체로서 자각한다. 즉 자신을 물리적 또는 심리적 현상으로 객관화할 수 없는 주체로 자각한다는 것이다. 이론적 인식에 있어서나 도덕적 실천에 있어서나 항상 자기 자신을 다른 것으로 환원하거나 대체할 수 없는 궁극적 주체로, 인생의 연주자로, 영혼으로 자각한다는 말이다. … 자기 자신을 궁극적 주체로, 즉 영혼으로 자각할 때, 그 자각은 바로 내가 나 자신을 알지 못한다는 "무지의 지"와 함께하게 된다. 그리고 바로 거기에 존재의 신비가 놓여 있다.[10]

이처럼 자신을 인식된 현상 너머의 주체로, 인생을 연주하는 연주자

■■ 9 한자경, 『동서양의 인간 이해』, 서광사, 2001, 188~189쪽 참조.

로 자각함으로써만 비로소 영혼과 육체의 문제 또는 사후 영혼의 존속 문제가 과학이 아닌 철학의 문제로 부각되게 된다. … 과학은 경험적으로 인식 가능하고 관찰 가능한 대상들만을 다루지만, 철학적으로 문제가 되는 것은 그렇게 인식되고 관찰되는 대상이 아니라 오히려 그렇게 인식하고 관찰하는 주체 자체인 것이다. 그러므로 과학의 방법으로 철학의 문제에 답할 수는 없다. 영혼과 육체가 하나인가 아닌가의 물음은 오히려 영혼이란 무엇인가, 그리고 인간이란 무엇인가에 관한 철학적 논의와 결부되어 있는 것이다.[11]

육체와 영혼의 관계에 대하여 모든 것을 물질로 환원하여 이해하는 '유물론'은 육체의 죽음이 곧 영혼의 소멸을 의미한다고 볼 것이다. 반면에 영혼을 육체에 깃든 주인으로 보는 '유심론'은 육체의 죽음이 곧 영혼의 죽음을 의미하는 것이 아니라 영혼이 육체의 감옥으로부터 해방되는 것으로 이해할 것이다. 대부분의 종교는 이 후자의 입장을 취한다. 이제 우리의 과제는 '인간 영혼은 과연 어떤 존재인가?'를 철학적으로 탐구하는 일이다.

---

10 '인식되는 나' 또는 '의식에 주어지는 나'는 결국 '대상화된 나'일 수밖에 없다. 대상화된 나는 어쩔 수 없이 분석의 대상이 된다. 이와 더불어 나의 심리 현상과 그에 따른 행동도 특정한 인과법칙(심리학, 진화론 등)으로 설명 가능한 대상이 되어 버린다. 만약 이것이 전부라면 이 세상의 일체의 '신비'는 사라진다. 도덕과 종교조차 철저하게 경험에 종속되고 만다. 이렇게 되면 경험적 차원 이상의 반성적 성찰은 더 이상 의미가 없는 세상이 될 것이다.

11 한자경, 『동서양의 인간 이해』, 190~191쪽.

1. 다음 글 ①과 ②는 모두 현대 물리학자의 글이다. 글 ①은 종교를 포함한 모든 진리에 접근하는 데 신뢰할 만한 방법은 과학뿐이라고 주장하는 반면, 글 ②는 과학적 방법의 한계를 지적하며 진리에 대한 한층 겸손한 접근의 필요성을 역설하고 있다. 양자의 입장 차이는 어디에서 오는지 토론해 보자.

① **질문자:** 세이건 교수님. 제가 드릴 질문은 하느님 가설에 관한 것입니다. 제가 보기에 과학은 이제까지 습관적으로 물질적인 것에 대한 답변을 찾아 왔고, 또 답변을 찾을 수 있는 길을 모색해 왔으며, 대중적 지지와 압력에 힘입어 이제는 종교의 영역까지 탐험하게 되었습니다. 하지만 이 문제에 관해서는 과학도 마땅히 보다 조심스러운 접근을 해야 하며, 특히 선생님도 시인하신 면밀한 증거나 실체가 없는 신앙의 부정과 관련해서는 더욱 그렇다고 생각합니다. 제가 보기에는 과학이 인류의 시종이지, 인류가 과학의 시종이 될 수는 없을 것 같습니다만, 어떻게 생각하시는지요?

칼 세이건: 저 역시 과학에도 한계가 있다고 생각합니다. 그리고 저는 우리가 이해한다고 생각하는 것이 사실은 세계의 얼마나 작은 부분인지 말씀드린 바 있습니다. 하지만 이것[과학적 방법]이야말로 효과가 있음이 입증된 유일한 방법인 것입니다. 그리고 우리가 남에게 속거나 심지어 우리 스스로에게 속는 일이 얼마나 흔한지를 유념한다면 이 분야에서 제기되는 주장들에 대한 매우 고집스럽고도 회의적인 접근 방식이 우리에게 필요함이 분명해 보입니다. 그런 고집스럽고도 회의적

인 접근 방식은 지금까지 검증되고 연마되어 왔으며, 오늘날 우리는 그것을 과학이라 부릅니다.

'과학science'의 라틴어 어원은 '지식'이라는 뜻에 불과합니다. 그리고 저로서는 누군가가 지식에 대해 반대한다는 것은 정말이지 믿기가 힘듭니다. 제가 생각하기에 과학은 외견상 모순되는 두 가지 충동의 조심스러운 균형을 통해 작동합니다. 하나는 종합적, 전체론적, 가설 제시적 능력으로서, 이는 흔히 우리 두뇌 우반구의 대뇌 피질에 위치한다고 알려져 있습니다. 다른 하나는 분석적, 회의적, 음미적 능력으로서, 흔히 좌반구의 대뇌 피질에 위치한다고 알려져 있습니다. 저는 오로지 이 두 가지가 조합되었을 때에, 즉 창의적 가설을 만들어 내고 사실과 대응하지 않는 것을 음미해 거부함으로써, 과학은 물론이고 다른 모든 인간의 활동이 진보하게 된 것이라고 생각합니다.[12]

② 우주에 대한 우리의 지식은 오늘날 어디쯤 와 있을까? 20세기에 인류는 모든 방면에서 막대한 진보를 이룩했다. 일단 물리학자들이 원자의 수수께끼를 풀고 양자론을 발명하자, 이런 진보로 인하여 역으로 다른 것들이 가능해졌고 이에 따라서 과학적 발견의 속도는 더욱 빨라졌다. … 그러나 우리가 멀리까지 온 것은 사실이라고 할지라도 우리가 어느 분야에서든 최종적 해답의 근처에 이르렀다고 믿는다면, 그것은 오류임이 거의 확실하다. 그런 생각은 역사를 통틀어 계속되어왔던 실수이다. 고대 바빌론인들은 지구가 바다의 신 티아마트의 시체로부

12 칼 세이건(박중서 역), 『과학적 경험의 다양성: 신의 존재에 관한 한 과학자의 견해』, 사이언스북스, 2010, 323~324쪽.

터 만들어졌다고 확신했다. 그로부터 수천 년이 지나고, 고대 그리스인들에 의해서 자연에 대한 우리의 이해가 믿을 수 없을 만큼 깊어진후로, 대부분의 사람들은 이 지상의 모든 물체는 흙, 공기, 불, 물의 조합으로 만들어졌다고 믿어 의심치 않았다. 그로부터 2,000년이 다시흐른 뒤, 뉴턴주의자들은 원자의 운동에서 행성의 궤도에 이르기까지, 이제껏 일어났고 앞으로 일어날 모든 일을 뉴턴의 운동법칙으로 원리적으로 설명하고 예측할 수 있다고 믿었다. 이 모든 것이 열렬한 확신이었고, 또 모두가 오류였다.

시대를 불문하고 우리 인간들은 스스로가 지식의 정점에 서 있다고믿는 경향이 있다. 우리의 이전 사람들의 믿음에는 흠이 있어도 우리**자신의** 해답은 올바르며 과거 사람들의 것과 달리 폐기되지 않을 것이라고 믿는다. 과학자들조차 ―심지어 위대한 이를 포함하여― 이런 종류의 교만으로부터 조금도 자유롭지 못하다. 1980년대 스티븐 호킹이선언했던 내용을 보라. 그는 물리학자들이 자신들의 "만물의 이론theory of everything"을 세기말까지는 가지게 될 것이라고 하지 않았던가.

오늘날 우리는 호킹이 수십 년 전에 말한 대로 과연 자연에 대한 모든 근본적인 질문에 해답을 내놓을 만한 수준에 이르렀는가? 아니면19세기의 전환기 때처럼 우리가 옳다고 생각하는 이론들이 곧 완전히다른 어떤 이론으로 대체될 그런 상황에 놓여 있는가?

과학의 지평선에는 우리가 후자 쪽에 속해 있음을 암시하는 구름이적지 않다. 생물학자들은 지구의 첫 생명이 언제 어떻게 탄생했는지, 혹 지구 비슷한 다른 행성에서 기원했을 가능성은 어느 정도인지 여전히 모르고 있다. 그들은 진화 과정에서 유성 생식이 발달한 것이 자연 선택에서 어떤 이득이 있기 때문인지 잘 모른다. 아마도 가장 중요한 것으로, 그들은 뇌가 어떻게 해서 마음이라는 경험을 만들어내는지 역시 잘 모른다.[13]

— 13 레오나르드 믈로디노프(조현욱 역), 『호모 사피엔스와 과학적 사고의 역사』, 406~408쪽.

2. 정현채 서울대학교 의과대학 내과학(소화기학) 교수는 10년 넘게 '죽음학'을 강의하고 있다. 부모와 친척의 죽음을 지켜보면서 죽음에 관심을 갖게 된 그는 수많은 과학적 연구 성과를 접한 결과 "죽음은 사방이 꽉 막혀 있는 벽이 아니라 다른 세계로 이동하는 문이라는 걸 확신하게 됐다"라고 한다. 그의 글을 읽고 죽음학에 관한 사실적 자료들을 검색하고 토론해 보자.

나는 쉰 살 무렵 죽으면 어떻게 되는가 하는 문제를 심각하게 생각했다. 이런 의문에 대한 답을 얻기 위해 죽음과 관련이 있는 수백 권의 문헌과 의과학 논문을 읽고 동영상 자료를 찾았다. 실증주의 교육을 받아 체화한 과학자로서는 인정할 수도 없고 인정하고 싶지도 않던 영적 체험들이 단순한 착각이나 환상이 아니라 분명한 실재임을 역시 과학자의 입장에서 알게 됐다.

우리의 육체가 더 이상 기능하지 않게 되어 부패해 가더라도 우리의 의식은 또렷이 유지된다는 사실을 알게 됐을 때의 경이로움은 이후 삶을 바라보는 시각을 완전히 바꿔놓았다. 죽음을 내포한 생명의 본질과 의미에 대해 깊이 인식하게 되어 고난과 역경을 영적인 성장의 기회로 껴안게 되었고 주어진 삶을 더욱 충만하게 향유할 수 있게 되었다.

…

미국의 사회운동가 스콧 니어링은 100세가 되어 세상을 떠날 때가 되자 주위 사람들에게 "죽음은 광대한 경험의 영역이다. 나는 힘이 닿는 한 열심히 충만하게 살아왔으므로 기쁘고 희망에 차서 간다. 죽음은 옮겨감이요 또 다른 깨어남이므로 모든 삶의 다른 국면에서처럼 어느 경우든 환영해야 한다"고 말했다. 그런 이유에서 화장한 후 장례식도 치르지 않은 채 떠났다.

'죽음학'의 효시로 일컬어지는 스위스의 정신과 의사 엘리자베스 퀴블러 로스 박사는 "인간의 육체는 영원불멸한 자아를 둘러싼 껍질에 지나지 않는다. 따라서 죽음은 존재하지 않으며 다른 차원으로의 이동이 있을 뿐"이라고 말했다. 로스 박사의 이런 주장은 오랜 임상 경험의 결과였다. 수많은 환자의 임종을 지켜보면서 관찰한 삶의 종말체험과 근사체험을 통해 이끌어낸 결론이었던 것이다.

삶의 종말체험은 죽음과 관련해 일어나는 중요한 영적 현상이다. 근사체험과 공통되는 부분도 있지만 엄밀히 따지면 다른 개념으로서 세상을 떠나기 전에 어떤 환영을 보는 현상을 말한다. 대체로 먼저 떠난 가족이나 친지 또는 친구가 임종하는 사람을 마중 나온다. 이는 임종하는 사람과 가족 모두에게 편안한 느낌을 주기 때문에 '마지막 선물'이라 부르기도 한다.

근사체험은 갑작스런 사고로 심장과 호흡이 멎은 죽음의 상태에서 체험을 하는 것으로서 자신이 죽었다는 인식을 갖고 체외이탈을 경험하고 터널을 통과하거나 밝은 빛과 교신하며 천상의 풍경을 관찰한다. 세상을 떠난 가족·친지와 만나고 자신의 생을 회고하는 공통점을 보인다.

죽음을 경험하고 다시 살아난 사람들의 증언에 따르면 그들은 죽음을 경험하는 동안 평화로운 마음으로 천장에서 아래의 모든 풍경을 내려다볼 수 있었다고 한다. 근사체험에 대한 다양한 측면에서의 연구

결과에 따르면 "죽음은 꽉 막힌 벽이 아니라 열린 문이며 다른 차원으로의 이동을 뜻하는 것"이다.[14]

---

14 정현채, 『우리는 왜 죽음을 두려워할 필요가 없는가』, 비아북, 2018 참조.

Käthe Kollwitz, Mutter mit Kind auf dem Arm, 1916

3장

고대 그리스의
인간관

'무지의 지'와 영혼 불멸

서양 사상의 두 가지 뿌리를 흔히 헬레니즘^{Hellenism}과 헤브라이즘 ^{Hebraism}이라 하는데, 전자는 '고대 그리스 사상'을, 후자는 '유대-그리스도 교 사상'을 의미한다. 그리고 서양 철학의 역사에서 전자는 이성 중심의 흐름을, 후자는 신앙 중심의 흐름을 대표한다.

고대 그리스 사상이라고 하면 누구나 소크라테스, 플라톤, 아리스 토텔레스로 이어지는 3인의 위대한 철학자를 떠올린다. 그런데 본 장에 서는 주로 플라톤의 생각을 살펴보고자 한다. "이들 중에 후세에 더욱 큰 영향을 끼친 사람은 플라톤"[1]이라는 이유도 있지만, 우리가 주목하는 인 간 삶의 의미와 생사 문제, 그리고 영혼 불멸이라는 주제를 그가 더욱 관심 깊게 다루었기 때문이다. 먼저 그의 사상의 토대가 되는 그의 스승 소크라테스의 이야기로 시작해 보자.

1. 자연학에서 인간학으로

"너 자신을 알라"라는 유명한 말을 통해 짐작할 수 있듯이, 일찍이 소크라테스는 자아에 대한 탐구의 중요성을 설파했다. 그중에서도 '무지無知의 지知', 즉 '인간은 실상 자기 자신을 잘 모르고 있다'라는 깨달음을 강조했다. 이러한 깨달음이야말로 참된 진리에 접근하는 가장 중요한 요건이라 생각했기 때문이다.

그런데 인간이 '자기 자신을 안다'라는 말은 무슨 의미일까? 우리가 무언가를 인식한다고 할 때, 자기의식이 먼저일까 혹은 대상의식이 먼저일까? '나는 생각한다, 고로 나는 존재한다'라는 말로 유명한 데카르트는 참된 인식의 출발점을 자기의식(생각하는 나의 존재의 확실성)에 두었다. 그리고 심지어 대상 세계를 바라보는 우리 감각의 불확실성을 들어 대상 세계의 존재 자체를 의문시하기도 하였다. 하지만 어린아이의 발달 과정을 보아도 알 수 있듯이, 자기 자신의 존재에 대한 자각이 외부 세계에 대한 지각보다 선행하는 것은 아니다. 아기는 먼저 자기 눈에 보이는 외부 세계를 지각한다. 엄마의 얼굴을 알아보고, 눈앞에 보이는 장난감에 손을

뻗친다. 처음에 아기는 심지어 눈앞에 어른거리는 자기 손조차 자기의 것인지를 인식하지 못한다. 하물며 자의식을 깨닫게 되는 것은 훨씬 나중의 일이다. 인간의 눈은 먼저 바깥을 바라보지, 자기 자신을 바라보지는 않는다. 이런 의미에서 고대 그리스의 철학이 자연철학에서 출발한 것은 어쩌면 당연한 일로 여겨진다.

자연철학자들은 그들이 바라보는 우주의 근원적인 물질(아리스토텔레스가 '아르케'라고 부른 것)이 무엇인지 탐구하였고, 저마다 색다른 주장을 펼쳤다. 하지만 그들은 자신들의 탐구 대상을 알아 가는 방법 자체에 대한 반성이나 그 앎의 주체, 즉 인식 주관의 능력에 대한 검토는 하지 못했다. 이렇게 철학하는 방법이나 주관의 능력을 검토하는 철학을 흔히 비판철학이라 하는데, 서양 철학사에서 이러한 의미의 비판철학을 처음으로 시도한 사람이 소크라테스이다. 확실히 소크라테스 이전의 철학자들은 철학하는 방법의 문제에 대해서는 소홀했던 것 같다. 그들은 아무런 방법적인 절차도 없이 단번에 깨우치는 직관적인 통찰을 시도하였다. 말하자면 우주론적 통찰을 꾀했다고 할 수 있다. 소크라테스는, 이러한 통찰이 가능하기만 하다면 그것이 진리 탐구의 최선책이 될 수 있다고 보았지만, 애석하게도 그러한 능력이 인간에게, 특히 자기에게 있다고는 믿지 않았다.[2] 그는 앎과 관련되는 인간의 특유한 능력을 로고스^{logos}라 불렀는데, 로고스는 '이성 내지 분별의 능력' 또는 '언어를 사용할 줄 아는 능력'을 의미

---

2 이런 생각은 칸트 역시 마찬가지였는데, 칸트는 '지적 직관'은 신에게나 가능할 뿐, 인간에게는 가능하지 않다고 보았다.

한다. 그는 모든 것을 한꺼번에 통찰하려고 무리한 시도를 하는 것보다 로고스에 의한 사유 또는 말(즉 대화)을 통해 진리에 접근하는 것이 더 좋은 방법이라고 생각했다. 반면에 소크라테스 이전의 철학자들은 우주론적 통찰을 꾀했고, 인간 자신의 문제도 그러한 통찰을 통해 해결할 수 있다는 성급한 태도를 취했다. 그 결과 그들은 제대로 된 성과를 낼 수 없었으며, 그렇기 때문에 그들은 철학자라기보다는 우주론적 과학자로 머물렀다고 할 수 있다.[3]

> 소크라테스는 희랍 철학에 있어서 자연과학적 탐구에 결정적인 종지부를 찍게 한 사람이면서도 다른 한편으로는 과학적인 탐구 방법의 시작을 보게 한 사람이다. 그는 철학이 참으로 문제 삼아야 할 것은 자연의 문제가 아니라 인간의 문제라고 보았다.[4]

이처럼 외적 세계에 대한 탐구, 즉 자연에 대한 탐구에서 내적 세계에 대한 탐구, 즉 인간의 문제로 관심을 옮기게 된 것은 시대적 배경의 탓도 있지만, 철학적 탐구가 가지는 근본적 성격이 그러하기 때문이라고도 볼 수 있다.

---

3 박종현, 『희랍사상의 이해』, 종로서적, 1985, 110~112쪽 참조.
4 같은 책, 121쪽.

2. 소크라테스와 '무지의 지'

자연에 대한 탐구에서 인간 문제에 관한 탐구로 그리스인들의 눈길을 돌리는 데 있어 선구적 역할을 한 것은 소피스트들이었는데, 어떤 관점에서는 소크라테스도 이들 중 한 명이라 할 수 있다. 그러나 똑같이 인간의 문제를 다루었다는 공통점 외에 이들 사이에는 두 가지 근본적으로 다른 점이 있었다. 첫째, 소피스트들은 스스로 현자임을 자처하면서 사람들에게 일방적으로 자기 의견을 전달하려 하였고 상대주의적 입장에서 그럴듯한 수사학적 설득 방법을 주로 사용하였던 반면, 소크라테스는 이성적 추론 과정과 대화를 통한 대화 상대자와의 공동 탐구를 중시하였다는 점이다. 둘째, 소피스트들은 인간의 문제에 관심을 가지긴 했으나 주로 피상적이고 지엽적인 문제를 다루었던 반면, 소크라테스는 인간 자체에 관한 문제, 즉 인간의 본질적 이해로서의 자각을 중시하고, 인간이 참으로 할 일 또는 인간 고유의 기능^{ergon}을 알려고 했다는 점이다.[5]

이제 『소크라테스의 변론』에 나오는 그의 말을 살펴보자. 그에게 최종적으로 사형 언도를 내린 재판 과정에서, 그는 자신의 친구 카이레폰이 델피 신전을 방문해서 '소크라테스가 가장 현명한 인물이라는 신탁의 내용이 사실인가'를 물어본 적이 있으며 이에 신전 여사제가 긍정적인 답변을 하였다는 이야기를 하고 있다. 소크라테스는, 이러한 선언에 자신이 무척 놀랐으며 자신보다 현명한 사람을 발견한다면 신탁의 내용을 반박

5 같은 책, 117~118쪽 참조.

할 수 있으리라 생각하여 그런 사람을 찾기 위해 백방으로 노력하였다고 주장한다. 그러나 그의 이러한 시도는 성공하지 못했던 바, 이른바 현명하다는 사람들을 찾아가 차례로 만나서 대화해 본 결과 그들은 진정으로 현명하지 않았으며 그런데도 스스로 많은 것을 알고 있다고 잘못 생각하고 있더라는 것이다.

> 그 사람보다야 내가 더 현명하지. 사실은 그 사람도 나도 가장 훌륭한 것에 대해 아무것도 알고 있지 못한 것 같은데, 그 사람은 아무것도 모르면서도 마치 자기가 대단한 것을 알고 있는 것처럼 생각하지만, 나는 실제로 아무것도 모르기 때문에 알고 있다는 생각도 하지 않기 때문이지. 어쨌든 내가 모르는 것을 있는 그대로 모른다고 생각하는 바로 이 사소한 한 가지 점에서 내가 더 현명한 것 같아. (『소크라테스의 변론』 21d)[6]

그리고 소크라테스는 자신의 대화 상대자로 하여금 그 사람이 무엇인가를 알고 있다고 생각하지만 실은 알고 있는 것이 아니라는 것을 깨닫도록 하는 것을 자기 사명으로 생각했다. 그가 보기에 스스로의 무지에 대한 깨달음('무지의 지')은 참된 지식을 얻기 위한 첫째 조건이다.[7] 왜냐하

---

6 『소크라테스의 변론』의 인용은 플라톤(박종현 역주), 『플라톤의 네 대화 편』(서광사, 2003) 참조.

7 이러한 깨달음은 소크라테스만의 전유물은 아닐 것이다. 주지하다시피 공자도 『논어』 「위정(爲政)」 편에서 "아는 것을 안다고 하고 모르는 것은 모른다고 하는 것이야말로 참으로 아는 것이다(知之爲知之, 不知爲不知, 是知也)"라고 말한 바 있다. 이와는 약간 맥락이 다르지만('자

면 어떤 사람이 어떤 문제에 관한 지식을 자신이 이미 소유하고 있다는 망상에 사로잡혀 있다면, 그런 지식을 탐구하려고 할 리가 없기 때문이다. 그래서 소크라테스는 참된 지식에 대한 탐구에 앞서 대다수 사람들의 마음을 채우고 있는 어설프고 잘못 인도된 생각의 내용들이 먼저 제거되지 않으면 안 된다고 생각했던 것이다. 그리고 이를 통해 사람의 '사람다움', 인간의 인간으로서의 '훌륭함'이 무엇인지 밝히고자 하였으며, 무엇보다 이러한 진리를 일방적으로 전달하기보다 상대방과의 공동 탐구를 통해 스스로 깨닫도록 하는 방식을 취하였다. 흔히 '산파술'이라 불리는 이러한 방식을 소크라테스가 채택한 데에는 다음과 같은 신념이 놓여 있다.

그것은 인간은 결코 진리를 가르칠 수 없다는 것, 즉 자신이 가진 진리를 타인에게 전달할 수 없다는 것, 그리고 배우는 자는 오직 스스로 자신 안에서 진리를 낳을 수밖에 없다는 것이다. 따라서 어떤 스승도 제자에게 직접 진리를 전달해 줄 수는 없으며, 단지 제자로 하여금 스스로 진리를 깨닫도록 인도할 수 있을 뿐이라는 것이다. 이는 진리를 낳는 것은 인간이 아니라 (인간에 내재한) 신이라는 의미이기도 하다. 진리를 깨우치는 순간 인간은 이미 신과의 관계성을 확보하는 것이며 초월성의 지평을 가지게 되는 것이다. 그래서 인간이 자신에 대한 진정한 앎self-knowledge에 이

신의' 무지와 '자신에 대한' 무지를 구분한다는 점에서), 현상적 자아(ego)를 넘어 '참내(眞我)'에 대한 깨달음을 강조하는 선불교의 관점이나 '나는 누구인가'라는 화두(話頭)를 던져 준 후 '오직 모를 뿐'이라는 답을 들고 참구(參究)할 것을 강조한 숭산 스님의 가르침도 주목할 만하다(현각 편, 『오직 모를 뿐: 숭산 대선사의 가르침』, 물병자리, 1999 참조).

른다는 것은 곧 신에 대한 앎^{God-knowledge}에 이른다는 것을 의미한다. 이러한 인간 이해는, 인간이란 그 자체 이미 '신성한 어떤 것'을 가능성으로서 지니고 있으며, 초월적인 지평과 맞닿아 있는 존재라는 것을 말해 준다.[8]

3. 플라톤의 문제의식

대화편(『크라틸로스』)에서 플라톤은 '인간'을 의미하는 그리스어 'anthropos'를 어원적으로 분석하면서, 인간은 다른 동물과 달리 '자기가 본 것을 탐구할 수 있는 자'라고 규정한다. 이는 대상을 객관화하고 여러 측면을 동시에 고려할 수 있는 능력, 즉 이성을 소유함을 의미하며, 이것이야말로 인간을 다른 동물과 구분하는 가장 중요한 특징이라고 본다. 인간의 본질은 육체가 아닌 영혼에 있고, 그중에서도 핵심의 자리를 차지하는 것은 이성이라는 것이다. 하지만 플라톤이 보기에 현실의 인간은 비이성적인 측면을 너무 많이 지닌 불완전한 존재이다. 그들은 늘 육체를 살찌우는 부나 쾌락만을 좇으며 영혼을 돌보지 않는 일이 다반사이기 때문이다. 그러므로 인간이 이성적이라는 것은 당위적 정의일 수는 있어도 현실의 실상을 반영한 정의일 수는 없다는 것이다.[9]

8　이명곤, "키르케고르의 종교관과 주관성으로서의 진리", 『동서철학연구』 제89호, 2018, 276쪽 참조.

9　최화, "플라톤: 인간, 이성과 반이성의 복합적 존재", 소광희 외, 『인간에 대한 철학적 성찰』, 문예출판사, 2005, 108~110쪽 참조.

이러한 플라톤의 문제의식을 이해하기 위해서는 당시의 시대적 배경을 살펴볼 필요가 있다. 그 당시 아테네는 펠로폰네소스 전쟁에서 스파르타에게 패하여 도시가 모두 무너지고 기존 질서도 전면 와해된 상태였다. 전쟁의 패배와 문명의 쇠퇴로 모든 것이 해체되어 가고 있었다. 국가 간에는 힘의 논리만이 지배하여 '강자의 이익'이 곧 정의였고, 국가 내의 각 계층은 당파적 이익만을 앞세움으로써 나라는 혼란의 도가니였으며, 도덕이 땅에 떨어져 패륜적인 행동조차 변명만 잘하면 아무 일 없이 지나갈 수 있었다. 이러한 세태를 가장 잘 반영한 것이 바로 소피스트들의 행태였다. 이들은 제대로 알지 못하면서도 마치 모든 것을 아는 것처럼 떠들고 다니며 돈을 벌었고, 궤변을 일삼으며 극단적 상대주의를 표방하였다. 대중을 선동하는 교묘한 언변으로 재판에서 이기는 것만이 목적일 뿐, 무엇이 참된 진리인지에 대해서는 아무런 관심도 없었다. 이는 진리란 따로 존재하는 것이 아니라 인간이 정하기 나름이라는 극도의 상대주의적이고 회의주의적인 입장에 다름 아니었다.

플라톤의 의도는 이러한 상대주의와 회의주의에 맞서 사물의 참된 본성과 질서를 회복하고, 이를 통해 인간의 참모습을 되찾는 것이었다. 그러나 플라톤이 보기에 현실의 인간은 그냥 두면 언제 파멸할지 모르는 위태로운 존재이다. 만약 국민 각자의 능력을 가장 잘 발휘할 수 있는 이상적 국가가 수립되고 그것을 이끌어 갈 이상적 지도자가 등장한다면 그래도 희망을 가질 수 있겠지만, 그러한 지도자는 찾기도 어렵고 키우기도 어려우며, 또 찾아서 키워 봐야 온갖 유혹 앞에서 언제 타락할지 모르는 존재이다. 인간에 대한 이런 비관적 전망은 『국가』 제6권 '동굴의 비유'에 나오는 쇠사슬에 묶인 인간의 처지만 보더라도 알 수 있다. 태양과 실재 사물의 세계에 이르기는커녕, 동굴 속에서 가짜 태양인 모닥불조차 직접 볼 수 없고, 뒤로 돌아앉은 채 고개도 돌리지 못한 상태에서 오로지 모닥불에 비친 동굴 벽면의 그림자만 보며 지내는 처지이다. 이런 상황에서 인간이 세상일의 실상을 제대로 파악하고 올바르게 대처한다는 것은 거의 불가능한 일이다.

플라톤이 이렇게 인간의 유한성을 절감하고 그의 가능성에 대해 비관적인 것은 그의 세계관과 인간관에서 연유하는데, 그 핵심에는 아페이론^{apeiron}(무규정자)이 놓여 있다. 아페이론이란 만물을 구성하는 궁극적 요소로서 형상에 의해 규정되지 않은 무규정적 순수 질료를 의미한다. 현상 세계의 모든 사물은 이러한 순수 질료에다 형상을 부여함으로써, 다시 말해 아페이론에 이데아적 질서를 부여함으로써 만들어진 것이다. 그런데 아페이론은 늘 사물의 본성(이데아)을 흐리게 하여 다시 무규정성으로 떨어뜨리는 요인으로 작용한다. 그런 아페이론적 요소가 인간에게 가장 강하게 나타나는 부분이 바로 '육체'이며, 영혼에 있어서는 '욕망'의 부분이다.[10] 이제부터는 인간의 기원과 본질에 대해서 살펴보기로 한다.

---

10 같은 책, 111~114쪽 참조.

4. 플라톤의 인간관

플라톤의 우주론이 전개되어 있는 『티마이오스』에는 인간의 탄생 과정이 기술되어 있다. 창조의 신 데미우르고스demiourgos는 먼저 이데아에 의거하여 우주 영혼을 만들고, 물질에 의거하여 우주 몸통을 만든다. 다음으로 불을 가지고 천체의 신을 만들고, 그리스 신화에 나오는 신들을 만든다. 그다음 단계로 인간을 만드는데, 천체의 신과 신화적 신들로 하여금 사멸하는 것으로써 인간의 육체를 만들도록 하고, 불멸의 부분인 인간의 영혼은 데미우르고스 자신이 직접 만든다. 그리고 이 불사의 영혼을 사멸적 육체에 결합시켜 인간을 완성시킨다. 이렇게 볼 때 인간의 영혼은 그의 육체와 전혀 다른 기원을 가진 것으로서, 언젠가 사라질 육체와 달리 불멸하는 존재로 이해된다. 이로써 서양 사상에는 육체와 영혼, 물질과 정신, 몸과 마음이라는 이원론의 구도가 자리 잡게 된다.

그런데 영혼은 그 전체가 불멸적인 것이 아니고, 다시 불멸하는 신적 부분과 사멸적 부분으로 나뉜다. 영혼이 육체의 어느 부분과 결합하느냐에 따라 구분되는 것이다. 머리 부분에 위치한 영혼은 '이성', 가슴 부분에 위치한 영혼은 '기개', 배 부분에 위치한 영혼은 '욕망'이라 불리며, 이 가운데 이성만이 불멸적이다. 그리고 우주 영혼을 만들 때 사용된 세 가지 원리인 '존재'와 '같음'과 '다름'의 원리가 각각의 영혼과 연관되는데, 이성은 존재를 인식하는 능력으로서 '존재'의 원리에, 기개는 이성과 같아지려는 '같음'의 원리에, 욕망은 이성과 달라지려는 '다름'의 원리에 상응한다.[11]

이러한 플라톤의 영혼 삼분법은 다른 대화편에서도 일관되게 유지된다. 예를 들어 『파이드로스』(246a~b)에서는 각기 좋은 성질과 나쁜 성질을 지닌 두 마리 말과, 이 말을 통제하는 마부의 비유를 통해 영혼이 육체를 이끄는 것으로 묘사되어 있다. 이때 좋은 성질의 말은 기개에, 나쁜 성질의 말은 욕망에, 마부는 이성에 상응함을 알 수 있다. 『국가』에 나오는 영혼의 삼분법도 이와 다르지 않은데, 특히 영혼의 각 부분이 국가의 각 계급과 정확히 대응한다. 즉 이성은 통치 계급에, 기개는 수호 계급에, 욕망은 생산 계급에 대응한다. 그리고 이 세 부분의 영혼이 각각 자기에게 맡겨진 몫을 다하는 것을 '덕^{arete}'이라고 하는데, 이성의 덕은 '지혜'이고, 기개의 덕은 '용기'이며, 욕망의 덕은 '절제'이다. 각 계급이 자기 계급에 맞는 덕을 잘 발휘할 때 '정의'가 구현되며, 국가도 건강해지고 번성한다(『국가』 436a~444a).[12]

앞 절에서 살펴보았듯이, 인간은 자칫하면 타락하거나 파멸할 수 있는 위태로운 존재이다. 그렇다면 어떻게 해야 하는가? 그는 육체의 혼란을 극복하고 이성과 질서로 나아가야 한다. 그것만이 인간의 참된 본성을 실현하는 길이다. 그 길은 두 가지이다. 하나는 국가를 잘 운영하는 것이고, 다른 하나는 개인적 차원에서 이성적 사고 능력을 기르는 것이다. 하지만 사실상 이 두 가지는 뗄 수 없이 연결되어 있다. 플라톤이 국가를 중시하는 것은, 국가야말로 인간의 본성이 실현될 수 있는 장소이므로 국

---

11 『티마이오스』 69d 이해 『티마이오스』의 인용은 플라톤(박종현·김영균 역주), 『티마이오스』(서광사, 2000) 참조; 한자경, 『동서양의 인간 이해』, 서광사, 2001, 43~45쪽 참조.
12 『국가』의 인용은 플라톤(박종현 역주), 『국가(政體)』(서광사, 1997) 참조.

가를 바로 세우는 것이 곧 인간을 구제하는 길이라 보기 때문이다. 또 국가 없이는 개인의 생존조차 보장받을 수 없는 현실에서 일단 정의로운 국가의 건설이 가장 급선무라고 보기 때문이다.[13]

플라톤의 '동굴의 비유'를 통해 그가 생각하는 세계와 인간의 본질을 더 자세히 살펴보자(『국가』 509d 이하). 동굴 안은 가시계可視界, 즉 현상계를 가리키며, 동굴 밖은 가지계可知界, 즉 본체계를 가리킨다. 가시계는 다시 벽면에 비친 동굴 안 사물의 그림자로 비유되는 '소문이나 풍문에 따라 아는 것'과 동굴 안의 개별 사물로 비유되는 '구체적 경험을 통해 아는 것'으로 구분된다. 가지계는 다시 물에 비친 그림자로 비유되는 '가설을 통해 이데아를 추론적으로 아는 것'과 '이데아 자체를 직접적으로 통찰하여 아는 것'으로 구분된다. 여기서 동굴 안에 묶인 채로 살아가는 정신과 동굴 밖으로 나아가는 정신은 곧 감성과 이성, 육체와 영혼, 욕망과 이성의 대립을 의미하며, 인간은 전자의 한계를 넘어 후자로 나아가야 한다. 다시 말해서 육체적 욕망이나 감각적 경험 차원에 머물러 있지 말고 보편적 진리를 인식하는 이성적 사유 차원으로 도약해야 한다. 동굴 안에서 동굴 밖으로 나아가는 것은 바로 그러한 도약, 즉 가시계로부터 가지계로의 도약을 의미한다.

동굴 안에 갇힌 인간이 자신을 얽어매는 여러 가지 제약에 묶여 있음에도 불구하고 뒤를 돌아보며 동굴 밖을 동경하는 것은 어떻게 가능

---

13 최화, "플라톤: 인간, 이성과 반이성의 복합적 존재", 『인간에 대한 철학적 성찰』, 140~141쪽 참조.

한가? 그것은 그가 진리를 향한 사랑, 즉 에로스를 가지고 있기 때문이다. 플라톤은 이처럼 인간의 영혼 안에는 진리에의 에로스가 내재해 있어서 마침내 진리를 향해 나아갈 수 있다고 본다. 이렇게 동굴 밖으로 나갔던 사람은 자기가 깨달은 진리를 동굴 안의 다른 사람들에게 전해 주고 싶어서 다시 동굴 안으로 돌아오게 된다. 여기서 우리는 깨달은 자의 선구자적 자세와 교육자의 사명을 떠올리게 된다. 동시에 대중들에게 참된 진리를 전하다 죽음을 맞은 소크라테스의 운명도 생각해 보게 된다.[14]

　　동굴의 비유에서 볼 수 있듯이, 플라톤은 인간을 육체의 감옥에 갇힌 영혼으로 이해한다. 인간이 이 세계에서 부자유한 것은 육체적 욕망에 끌려다니기 때문이다. 따라서 인간의 영혼은 이러한 육체적 욕망에서 벗어나 이성 그 자체로 존재하게 될 때 자유로워질 수 있다. 영혼이 육체를 완전히 벗어나는 것은 다름 아닌 죽음이다. 그리고 철학이란 육체적 욕망을 극복하고 이성적 원리대로 살기를 훈련하는 것, 즉 욕망의 필연성으로부터의 자유를 추구하는 것이다. 이는 죽어서나 가능한 자유를 살아생전에 추구하는 것을 의미한다. 그러므로 철학이란 한마디로 '죽음의 연습'이라 할 수 있다.

━━　　14　한자경, 『동서양의 인간 이해』, 128~131쪽 참조.

5. 영혼 불멸과 '철학함'의 중요성

플라톤은 스승인 소크라테스를 따라 영혼은 본질상 영원한 세계에 속한 것이요 일시적인 현상계에 속한 것이 아니라는 피타고라스의 확신을 이어받았다. 이에 따르면 영혼은 이 지상에서 여러 차례의 삶을 살았고, 지상에서의 삶에 앞서, 그리고 삶과 삶 사이에 육신을 떠나 있는 동안 이미 초월적 실재를 바라볼 기회를 가진 바 있다. 육신의 죽음은 영혼에게는 나쁜 것이 아니라 오히려 참된 삶의 회복이다. 영혼에게 육신은 감옥이나 무덤과 마찬가지이므로, 이 지상의 삶에 앞서 안주하던 이데아의 세계로 되돌아가기 위하여 영혼은 늘 육신에서 해방되기를 갈망한다. 이처럼 플라톤의 이데아설은 영혼의 불멸성에 대한 믿음, 또는 적어도 영혼의 선재先在에 대한 믿음을 전제로 한다.[15]

다음은 이러한 믿음을 뒷받침하기 위해 플라톤이 들려주는 '에르의 신화' 내용이다.

에르는 죽은 지 12일 만에 다시 살아난 사람인데, 그는 그간 저승세계에서 본 것들을 사람들에게 이야기해준다. 그의 혼은 육신을 벗어난 뒤에 많은 혼들과 여행을 하다가 한 신비스러운 곳에 이른다. 이곳에서는 심판자들이 올바른 자와 올바르지 못한 자들의 행적을 심판한다. 올바른 자는 하늘로 올라가 올바른 행위에 대한 대가를 받게 되

---

15   W. K. C. 거스리(박종현 역), 『희랍 철학 입문』, 서광사, 2000, 127쪽 참조.

고, 올바르지 못한 자들은 자신이 살아생전 했던 올바르지 못한 짓을 열 배의 벌로 받게 된다. 이는 천 년의 시간이 걸리는 긴 여행이다.

이렇게 생전에 자신이 한 일에 대한 대가 혹은 벌을 받은 자들은 다시 모여 다음 생에 살아갈 삶의 모습을 선택하게 된다. 우선 제비를 뽑아 순서를 정하고, 그다음으로는 그 순서에 따라 삶의 표본들을 선택하게 된다. 삶의 표본의 수는 그 자리에 있는 혼들보다 훨씬 더 많고, 동물의 삶을 비롯하여 모든 인간의 삶이 놓여 있다. 재미있는 것은 혼들의 선택이다. 첫 번째 제비를 뽑은 자는 곧바로 나아가 최고의 참주 신분을 선택한다. 그는 무분별과 폭식으로 인해 모든 걸 충분히 살피지 않고 선택한 나머지, 제 자식들을 고기로 먹게 될 운명과 그 밖의 나쁜 일들을 겪게 될 운명이 그 안에 포함되어 있음을 주목하지 못한다. 그는 자신의 선택을 가슴을 치며 후회한다. 그는 하늘 쪽에서 온 자들 중 하나로 전생에 질서 정연한 정체에서 살기는 했지만, 철학 없이 '습관'에 의해 훌륭함에 관여했던 자이기 때문에, 중요한 순간에 잘못된 선택을 하고 만 것이다. 그다음에 제비를 뽑은 자들을 보면 대개 전생의 습관(익숙함)에 따라 선택하는데, 여인의 삶을 증오했던 자는 백조의 삶을, 인간 종족에 대한 증오심을 가진 자는 독수리의 삶 등을 선택한다. 또한 오디세우스의 혼은, 맨 나중 차례임에도, 이전의 고난에 대한 기억 덕에 명예욕에서 해방되어, 편안한 사인私人의 삶을 선택한다.

어쨌든, 모든 혼이 자신의 삶을 선택한 다음에는 망각의 평야로 나아가 야영을 하고 그곳에 흐르는 무심의 강물을 마시게 된다. 그리고 이를 마신 자는 모든 것을 잊어버린 채 다음 날 새로운 삶으로 다시 태어나게 된다. (『국가』614b 이하)

이 이야기를 통해 플라톤이 전하고자 하는 메시지는 크게 두 가지로 요약될 수 있다. 하나는 '생전의 삶에 대한 대가는 사후에 반드시 치르게 된다'는 것이다. 올바른 삶을 산 자는 아름다움을 체험하는 여행을 하게 되고, 옳지 못한 삶을 산 자는 그가 행한 악덕의 열 배에 해당하는 고통을 천 년 동안 받게 된다. 이는 올바름은 그 자체로 좋은 것일 뿐만 아니라 그 결과 때문에도 좋은 것임을 시사한다.

올바른 사람의 경우에는 우리가 이렇게 생각해야만 하네. 그가 가난한 처지가 되거나 또는 질병이나 그 밖에 나쁜 것으로 여겨지는 어떤 곤경에 처하게 되더라도, 이런 일들이, 그가 살아생전에건 또는 죽어서건, 결국에는 좋은 일로 끝을 맺게 된다고 말일세. 그야 물론 올바르게 되려고 열심히 노력하는 사람이, 그리고 훌륭함(덕)을 수행하여 인간으로서 가능한 한 신을 닮으려 하는 사람이 적어도 신들한테서 홀대받는 일은 결코 없을 것이기 때문이네. (『국가』613a)

다른 하나는 '철학함의 중요성'이다. 혼들은 다음 생에 어떤 삶을 살 것인지를 스스로 선택하게 되는데, 이때에 진정으로 유익한 삶이 무엇인지를 인식하기 위해서는 그것을 알 수 있게 해 주는 학문, 즉 철학함이 필수적이다. 첫 번째 제비를 뽑은 사람의 예에서 보듯이, 지혜에 대한 사랑 없이 습관에 의해 훌륭함에 관여했던 자는 결국 중요한 순간에 자신에게 유익한 삶을 구분해 내지 못한다. 이는 이승에서의 삶을 살 때 언제나 건전하게 철학을 한 사람은 저승에서의 선택의 기로에서 중용의 삶(올바른 삶)을 택할 수 있음을 시사한다.

> 우리 각자가 다른 학문들에 대해서는 소홀히 하더라도, 이런 학문[철학]의 탐구자 및 학도가 되도록 최대한으로 마음을 써야만 하는 것도 이 때문인 것 같으이. 누가 자신으로 하여금 유익한 삶과 무익한 삶을 구별하며, 언제 어디서나 가능한 것들 중에서 최선의 것을 선택할 수 있고 또한 그럴 줄 알도록 해줄 것인지를 어떻게든 배우고 찾아낼 수 있도록 해주는 그런 학문이 만약에 있다면 말일세. (『국가』 618c)

결국 에르의 신화를 통해서 플라톤이 말하고자 하는 바는 '올바름이란 그 자체로도 좋은 것이지만 그 결과 때문에도 좋은 것'이라는 것이다. 대단히 윤리적인 메시지이다. 더불어 올바름에 다가가기 위해서는 철학함(지혜를 사랑하는 것)이 중요하다는 것이다.

1. 플라톤 철학의 의의를 논한 번예트^{M. Burnyeat}의 글(A)과 플라톤의 『티마이오스』의 마지막 문장(B)을 읽고, 플라톤의 우주론이 지닌 특징을 말해보자.

A: "만약에 당신이 과학적 가치들과 정신적 가치들이 어떻게 조화될 수 있겠는지를 보여주려 하고 있다면, 플라톤 철학은 당신이 이용할 수 있고 영향을 받을 수 있는 하나의 철학이다."[16]

B: "죽게 마련인 생물들과 불사의 생명체들을 받아 이처럼 가득 차게 된 이 우주^{kosmos}는 눈에 보이는 생명체들을 에워싸고 있는 눈에 보이는 살아 있는 것이며, 지성에 의해서[라야] 알 수 있는 것의 모상이요, 지각될 수 있는 신이고 가장 위대하고 최선의 것이며, 가장 아름답고 가장 완벽한 것으로 탄생된 것이 이 유일한 종류의 것인 하나의 천구^{ouranos}입니다." (『티마이오스』 92c)

---

2. 다음은 소크라테스의 마지막 날, 그가 독배를 마시기 직전에 언급한 내용이다. 이를 통해 소크라테스의 생사관을 파악해 보자.

"혼이 과연 죽지 않는 것이라면, 혼을 보살피는 것이야말로 비단 우리가 살고 있는 이 기간만이 아니라 모든 때를 위해서 요구되는 일이네. 그리고 만약에 누군가가 이를 소홀히 한다면, 그 위험은 이제 곧 무서운 것일 것으로 생각되네. 만일 죽음이 모든 것으로부터의 벗어남이라면, 나쁜 사람들에게는 천행일 것이니, 이들은 죽음으로써 몸에서 벗어남과 동시에 혼과 함께 자신들의 나쁨(사악함)에서도 벗어나게 되는 것이지. 그러나 실은 혼이 죽지 않는 것인 것 같으므로, 혼이 나쁜 것들에서 벗어나는 길이나 구원책으로는, 혼이 가능한 한 최대한으로 훌륭해지고 지혜롭게 되는 것 이외에는 도무지 다른 길이 없다네. 왜냐하면 혼이 저승으로 가면서 지니고 가는 것으로는 교양과 생활방식 이외에는 아무것도 없기 때문인데, 이것들이야말로 그곳으로의 여정의 바로 시작 단계에서부터 망자를 가장 크게 이롭게 해주거나 해롭게 하는 것들이라고도 하네." (『파이돈』 107c~107d)[17]

"이것들이 내가 이야기한 그대로라고 자신 있게 주장한다는 것은 지각 있는 사람에겐 적절치 않으이. 그렇지만, 혼은 어쨌든 죽지 않는 것인 것 같기에, 우리의 혼들과 그 거처들에 관한 한, 이게 이러하거나 그게 그러하다고 생각하는 사람에게는 그렇게 생각하는 것이 적절하고

17 『파이돈』의 인용은 플라톤(박종현 역주), 『플라톤의 네 대화 편』(서광사, 2003) 참조.

도 모험을 할 가치가 있다고 내게는 생각되거니와, 이 모험은 훌륭한 것이니까 이와 같은 것들은 자신에게 주문을 외우듯 해야만 해. 이 때문에 내가 이 이야기를 아까부터 길게 늘어놓았던 것이기도 하네. 그러나 바로 이런 이유들로 해서 누구든 이런 사람은 자신의 혼에 대해서 확신을 가져야만 하네. 즉, 생애를 통해 몸과 관련된 다른 즐거움들이나 치장들에 대해서는, 제 것 아닌 낯선 것들이며 이롭게 하기보다는 더 해롭게 하는 것이라 여기고서 결별을 하되, 배우는 것과 관련된 즐거움들에 대해서는 열의를 보이며, 혼을 낯선 것이 아닌 혼 자체의 장식물로, 곧 절제와 정의, 용기, 자유 그리고 진리로 장식하고서, 정해진 운명이 부를 때에는 이처럼 저승으로의 여행을 떠날 생각으로 기다리고 있는 사람은 말일세. 그러므로 자네들도 또 다른 사람들도, 저마다 다음 기회에 어느 땐가는 그 여행을 떠나게 될 걸세." (『파이돈』 114d~115a)

Käthe Kollwitz, Helft Russland!, 1921

4장

그리스도교의
인간관

'신의 형상'의 회복과 육신의 부활

이 책의 제1부 2장에서 우리는 서양 근대의 기계론적 세계관의 영향을 받은 유물론적·경험과학적 인간관과 현대 생물학의 발전을 반영한 진화론적·사회생물학적 인간관의 한계, 그리고 현대 물리학(특히 양자역학)의 발전에 힘입은 전일적全─的이고 생태적인 세계관 및 인간관의 가능성을 살펴보았다. 이어서 3장에서는 고대 그리스의 사상, 특히 플라톤 사상을 통해 엿볼 수 있는 이원론적이고 이성 중심적인 인간관을 살펴보았다.

이제 본 장에서는 일정 부분 그리스 사상의 영향을 받았으면서도 그 본질은 상이한 그리스도교의 인간관을 검토해 보고자 한다. 그리스도교 인간학의 문제의식과 자부심을 읽을 수 있는 다음 인용문으로 이야기를 시작해 보자.

이 세계는 존재하는 목적이 있는가, 아니면 이 세계는 단지 우연의 산물인가? 아직도 물질 이외에 초자연적이며 초월적인 그 무엇이 존재할 수 있는가? 인간의 인격성 및 도덕성, 그리고 자유는 어떤 근거 위에서 보장될 수 있는가? 아니면 인간도 단지 자연적 내지 인과론적 결정론에 묶여 있는가? 인간은 사후에도 존재할 수 있는 자아 혹은 영혼의 존재인가, 아니면 어떤 실체성도 결여한 임시적·사멸적 존재인가? 자연의 법칙에서 독립적인 소위 정신과 도덕의 법칙, 혹은 초월적인 피안의 세계가 존재하는가? 이런 문제들은 모두 기독교적 인간관의 조명 속에서 그 해답의 실마리를 얻을 수 있다.[1]

1. 철학적 인간학과 그리스도교 인간학

철학적 인간학과 그리스도교 인간학은 어떻게 다른가? 철학적 인간학이 인간 본성의 구조나 본질을 철학적으로 탐구하고, 더 나아가서 인간-세계 관계의 존재론적 신비에 관해 탐구한다면, 그리스도교 인간학은 그 분석의 일반 형태는 철학적 인간학과 다르지 않으나 그 내용과 의미

---

1   강학순, "기독교: 인간은 신의 구원을 필요로 하는 존재", 소광희 외, 『인간에 대한 철학적 성찰』, 문예출판사, 2005, 151쪽.

부여에 있어서 다르다고 할 수 있다. 이를 이해하기 위해서는 우선 그리스도교라는 종교의 특성을 이해할 필요가 있다. 그리스도교는 일차적으로 철학이라기보다는 종교이다. 그리스도교는 구원의 복음이지 순수 이론이 아니며, 철학적이거나 신학적인 체계도 아니다. 즉 그것은 인간 이성의 산물이 아니라 전적으로 신에 의해 계시된 진리에 근거한 것이다. 계시된 진리들은 신비 혹은 초자연적 진리라 불리며, 신의 본질, 피조물에 대한 그의 관계, 인류를 위한 그의 구원 계획과 관련된 것들이다. 그리스도교 인간학은 이처럼 신-지향적이며 신-중심적이기 때문에, 인간이 무엇이며 그의 운명이 무엇인가 하는 문제 역시 신이 누구인가와 인간의 구원에 대한 신의 계획이 무엇인가 하는 문제와 뗄 수 없게 연결되어 있다.[2]

요약하자면, 철학적 인간학이 인간을 '이성의 빛'에 의해 탐구하고자 한다면, 그리스도교 인간학은 '신앙의 빛'에 의해 이해하고자 한다고 말할 수 있다. 여기서 신앙의 빛이란 신의 계시와 말씀인 성서를 진리로 믿는 태도를 가리킨다. 즉 성서에 기록되어 있는 인간에 대한 증언들을 진리로 여기며, 성서야말로 인간은 누구이며, 무엇이며, 어디서 와서 어디로 가는 것인가에 대한 명료한 대답을 제시하고 있다고 믿는 것이다.[3]

---

2 장욱, "서구의 기독교 신학적 인간관", 『철학적 인간관』, 한국정신문화연구원, 1985, 283~285쪽 참조.

3 강학순, "기독교: 인간은 신의 구원을 필요로 하는 존재", 『인간에 대한 철학적 성찰』, 151쪽 참조.

2. 인간: 유한한 피조물로서 신의 형상을 지닌 존재

성서는 인간을 전적으로 신과의 관계성 속에서 규정한다. 인간과 더불어 우주의 일부분을 이루고 있는 그리스의 신들과는 달리, 성서적 관점에서의 신은 인간과 우주의 창조자로서 그들을 주재主宰하고 있는 존재이다. 신은 그들을 향해, 또 그들을 통해 활동役事한다. 역사歷史는 신과 인간이 서로 대화하면서 만나는 장場이자, 양자의 관계에 의해 새로이 결정되어 가는 장이다. 그래서 인간은 항상 신에 의해 부름을 받고 또 그의 대답을 듣는 존재로서 스스로를 경험한다. 이제 성서의 구절을 통해 인간의 기원과 본질에 대해 살펴보자.

야훼 하느님께서 진흙으로 사람을 빚어 만드시고 코에 입김을 불어넣으시니, 사람이 되어 숨을 쉬었다. (창세기 2:7)[4]

구약성서는 인간을 "사람(아담)"이라는 말로 표현한다. 위 구절에서 보듯이 인간을 흙으로 빚었다는 표현은 성서적 인간 이해의 실마리를 제공해 준다. 이는 인간이란 무엇보다도 피조물이자 세계에 속한 존재로서, 결국은 사라질(썩어 없어질) 유한한 존재임을 시사한다. 신이 생명력의 근원인 생명의 숨결을 불어넣지 않는 한 그는 한낱 먼지로 분해되고 말 존재이며, 신을 등지는 순간 죽음을 맞게 될 존재인 것이다.

━━ 4 성서의 인용은 『공동번역 성서』(대한성서공회) 참조.

당신께서 외면하시면 어쩔 줄을 모르고, 숨을 거두어들이시면 죽어서 먼지로 돌아가지만, 당신께서 입김을 불어넣으시면 다시 소생하고 땅의 모습은 새로워집니다. (시편 104:29~30)

야훼를 등진 악인들은 목장을 덮었던 풀처럼 시들고 연기처럼 사라지리라. (시편 37:20)

이처럼 인간이 피조물이고 유한한 존재임을 강조하는 뜻은, 인간은 자신의 주인이 아니며 진정한 주인은 오직 창조주뿐임을 확인하려는 것이다. 인간의 이성과 지혜가 아무리 뛰어나다 해도 이는 결코 신의 정신과 지혜에 미치지 못하며, 따라서 인간과 신 사이에는 넘을 수 없는 간격, 질적 차이가 있음을 말하려는 것이다.

그러나 이와 동시에 인간은 신의 형상을 지닌 존재이기도 하다.

하느님께서는 "우리 모습을 닮은 사람을 만들자! 그래서 바다의 고기와 공중의 새, 또 집짐승과 모든 들짐승과 땅 위를 기어 다니는 모든 길짐승을 다스리게 하자!" 하시고, 당신의 모습대로 사람을 지어내셨다. (창세기 1:26~27)

사람은 하느님의 모습으로 만들어졌으니… (창세기 9:6)

신의 형상이란 구체적으로 무슨 의미일까? 신의 형상은 대체로 영적인 것으로, 이성적이고 도덕적이며 불멸적인 것으로 이해된다. 로마 가톨릭교는 신의 형상을 인간의 본성 안에 내재한 이성과 자유의 본질로 이해해 왔다. 루터M. Luther는 이를 인간성의 핵심이며 근본으로 여겼고, 칼뱅J. Calvin은 이성에 따르는 지성, 적절히 통제된 감성, 창조주가 부여한 모든 탁월하고 찬탄할 만한 재능으로 이해했다. 결론적으로, 인간 안에 깃들어 있는 신의 형상은 신과 인간 간의 인격적인 사귐을 가능케 하는 것으로서, 인간의 참된 본질이자 인간을 인간답게 하는 것, 곧 지적 능력, 자연적인 감정, 도덕적인 자유 등의 모든 요소를 가리킨다. 그리고 무엇보다도 인간 존엄성의 존재론적 근간을 이루는 것이다.[5]

3. 인간: 죄로 인해 신의 형상을 상실한 존재

인간은 신의 형상을 지닌 존재이지만 동시에 육신을 지닌 유한한 존재이기도 하다. 성서에서 '육신'이라는 개념은 인간의 나약한 측면을 가리키며, 허무함이나 무상함, 또는 죄에 물들기 쉬움을 나타낸다.

사람은 한낱 고깃덩어리, 한번 가면 돌아오지 못하는 바람… (시편 78:39)

---

5   강학순, "기독교: 인간은 신의 구원을 필요로 하는 존재", 『인간에 대한 철학적 성찰』, 156~158쪽 참조.

숨 한번 끊어지면 흙으로 돌아가고, 그때에는 모든 계획 사라진다.

(시편 146:4)

하느님 보시기에 세상은 너무나 썩어 있었다. 그야말로 무법천지가 되어 있었다. 하느님 보시기에 세상은 속속들이 썩어, 사람들이 하는 일이 땅 위에 냄새를 피우고 있었다. (창세기 6:11~12)

그렇다면 죄란 무엇인가? 그것은 신의 명령을 거역하는 것이다. 명령을 거역한다는 이 표현 속에는 이미 인간의 '자유의지'가 전제되어 있다. 왜냐하면 명령이란 그것에 따르거나 따르지 않을 선택 능력을 지닌 자에게만 의미가 있는 개념이기 때문이다. "**자연**의 역사는 **신의 작품**이므로 선에서 시작하고, **자유**의 역사는 **인간의 작품**이므로 악에서 시작한다"[6]라는 칸트의 지적은 인간의 자유의지와 죄의 관계, 즉 자유의지와 더불어 세상에 죄가 출현하게 되었음을 말해 준다.

한 처음에 주님께서 인간을 만드셨을 때
인간은 자유의지를 갖도록 하셨다.
네가 마음만 먹으면 계명을 지킬 수 있으며
주님께 충실하고 않고는 너에게 달려 있다.
주님께서는 네 앞에 불과 물을 놓아주셨으니

---

6 칸트, 『추측해 본 인류 역사의 기원』, A 13.

손을 뻗쳐 네 마음대로 택하여라.

사람 앞에는 생명과 죽음이 놓여 있다.

어느 쪽이든 원하는 대로 받을 것이다. (집회서 15:14~17)

성서 「창세기」는 신의 명령을 거역함으로써 죄를 지은 인간이 어떤 벌을 받게 되는지를 상징적으로 보여 준다.

하느님께서 그 사람에게 명하여 이르시되, 이 동산에 있는 나무 열매는 무엇이든지 마음대로 따 먹되, 이 동산 한가운데 있는 선악을 알게 하는 나무 열매만은 따 먹지도 말고 만지지도 말라. 네가 먹는 날에는 반드시 죽으리라 하셨다. (창세기 3:2~3)

그리고 아담에게 이렇게 말씀하셨다. 너는 아내의 말에 넘어가 따 먹지 말라고 내가 일찍이 일러둔 나무 열매를 따 먹었으니, 땅 또한 너 때문에 저주를 받으리라. 너는 죽도록 고생해야 먹고 살리라. (창세기 3:17)

하느님께서는 "이제 이 사람이 우리들처럼 선과 악을 알게 되었으니, 손을 내밀어 생명나무 열매까지 따 먹고 끝없이 살게 되어서는 안 되겠다"고 생각하시고, 에덴동산에서 내쫓으시었다. (창세기 3:22~23)

성서는 인류의 첫 조상이자 대표인 아담이 신의 명령을 거역하여 죄를 짓고 그 대가로 벌을 받는다는 상징적인 설화를 통해 죄란 무엇인지를 말해 준다. 그것은 신을 망각하고 자신이 스스로 신과 같이 되고자 하는 인간의 오만함을 가리킨다. 즉 인간은 신이 될 수 없다는 것, 인간과 신은 질적으로 다르다는 것, 인간은 흙에서 나와 흙으로 돌아가야 할 존재라는 것을 망각한 짓인 것이다. 신의 뜻에 반하여, 마치 자신이 신이라도 되는 양, 자신의 자율성을 헛되게 주장하는 것, 이것이 바로 인간의 타락이다. 이로써 원래 인간성 속에 깃들어 있던 신의 형상은 상실되었다. 아담이 범한 원죄의 결과로 인간은 정죄의 상태에 놓이게 되었으며, 스스로의 힘으로는 현재의 죄의식과 사망의 늪에서 벗어날 수 없게 되었다. 신약성서는 이러한 인간의 운명을 한마디로 표현해 주고 있다.

> 한 사람이 죄를 지어 이 세상에 죄가 들어왔고, 죄는 또한 죽음을 불러들였으니, 모든 사람이 죄를 지어 죽음이 온 인류에게 미치게 되었습니다. (로마서 5:12)

4. 인간: 그리스도를 통해 신의 형상을 회복할 수 있는 존재

신의 뜻을 거역한 죄인으로서 인간은 자기 힘으로는 신의 형상을 회복할 수 없는 절망적인 상황에 처해 있다고 성서는 진단한다. 인간은 어디까지나 피조물에 불과한 존재이기 때문이다. 이제 인간에게 가능한 일은 신에게 간청하고 기도하는 것밖에 없다. 그런데 신은 그 기도소리를 듣는다. 그리고 죄인들을 구원하기 위해 인간의 모습으로 몸소 이 땅에 찾아와 인류를 대신하여 십자가에 못 박혀 죽음으로써 인류의 죗값을 치른다. 이것이 바로 인류의 죄의 문제를 해결할 수 있는 유일한 방법, 즉 예수 그리스도의 속죄의 사역이다. 이로써 그리스도의 기쁜 소식(복음)을 받아들이고 믿는 자들에게는 상실한 신의 형상을 회복할 수 있는 희망이 주어지게 되었다.

그러나 우리가 죄에서 벗어나 새로운 인간이 될 수 있는 가능성이 저절로 주어지는 것은 아니다. 그것은 요한이 지적하듯이, '빛'에 속하는가 혹은 '어둠'에 속하는가, 하늘에 속한 사람인가 혹은 이 세상에 속한 사람인가 하는 우리의 선택에 달려 있다.

> 빛이 세상에 왔지만 사람들은 자기들의 행실이 악하여 빛보다 어둠을 더 사랑했다. 이것이 벌써 죄인으로 판결받았다는 것을 말해준다.
>
> (요한 3:19)

> 하느님에게서 온 사람은 하느님의 말씀을 듣는다. 너희가 그 말씀을 들으려 하지 않는 것은 너희가 하느님에게서 오지 않았기 때문이다.
>
> (요한 8:47)

이처럼 인간은 하느님을 향하거나 혹은 하느님을 거역하는 인격으로서 스스로를 결정하는 존재이다. 여기서는 특히 영과 육신 사이의 구분이 뚜렷하다. 육신의 길은 죽음이요, 영의 길은 생명과 평화이다.

> 육체적인 것에 마음을 쓰면 죽음이 오고, 영적인 것에 마음을 쓰면 생
> 명과 평화가 옵니다. (로마서 8:6)

이제 그리스도를 주님으로 고백하는 자에게는 상실한 신의 형상
을 회복할 희망이 주어진다. 그리하여 신의 형상을 상실한 '옛사람', '육신
에 속한 사람', '어둠과 거짓에 속한 사람', '죄인'으로부터 신의 형상을 회
복한 '새사람', '성령에 속한 사람', '빛과 진리의 자녀', '의인', 즉 '신의 자
녀'로 신분이 바뀌게 된다. 세상에 속한 자에서 하늘에 속한 자로 새롭게
태어나는 것이다.[7]

> 아담으로 말미암아 모든 사람이 죽는 것과 마찬가지로, 그리스도로
> 말미암아 모든 사람이 살게 될 것입니다. (고린토전서 15:22)

> 여러분은 옛 생활을 청산하여 낡은 사람을 벗어버렸고, 새사람으로
> 갈아입었기 때문입니다. 새사람은 자기 창조주의 형상을 따라 끊임
> 없이 새로워지면서 참된 지식을 가지게 됩니다. (골로사이서 3:9~10)

---

7   강학순, "기독교: 인간은 신의 구원을 필요로 하는 존재", 『인간에 대한 철학적 성찰』, 163쪽
참조.

마음과 생각이 새롭게 되어 하느님의 형상대로 창조된 새사람으로 갈아입어야 합니다. 새사람은 올바르고 거룩한 진리의 생활을 하는 사람입니다. (에페소서 4:23~24)

끝으로 영혼과 육신의 관계에 관한 그리스도교 인간관의 특징을 살펴보자. 그리스도교는 인간을 영육靈肉의 통일체로 간주하며, 전인적이고 구체적인 존재로 본다. 몸과 영혼의 이분법, 또는 둘 중 어느 하나를 부정하는 유심론적 인간관이나 유물론적 인간관을 모두 배격한다. 따라서 육신을 영혼의 감옥으로 보는 플라톤의 사상과도 구분된다. 그리스인들이 영혼의 불멸에 대한 믿음을 갖고 있었던 데 비해 그리스도교는 육체의 부활에 대한 믿음을 갖고 있다. 그리스도교에서는 영혼만이 아니라 몸과 영혼이 함께 구원받는 것이며, 따라서 부활이란 육신을 포함한 전全 인간이 영적 존재로 변화됨을 의미한다.[8]

---

8 부활한 육신(영적 존재)의 모습이 과연 어떤 것인지에 관해 우리는 신약성서를 통해 어느 정도 유추해 볼 수 있다.

예수께서는 베드로와 요한과 야고보를 데리고 기도하러 산으로 올라가셨다. 예수께서 기도하시는 동안에 그 모습이 변하고 옷이 눈부시게 빛났다. 그러자 난데없이 두 사람이 나타나 예수와 함께 이야기하고 있었다. 그들은 모세와 엘리야였다. 영광에 싸여 나타난 그들은 예수께서 머지않아 예루살렘에서 이루려 하시는 일 곧 그의 죽음에 관하여 예수와 함께 이야기를 나누고 있었다. 그때 베드로와 그의 동료들은 깊이 잠들었다가 깨어나 예수의 영광스러운 모습과 거기 함께 서 있는 두 사람을 보았다. 그 두 사람이 떠나려 할 때 베드로가 나서서 "선생님, 저희가 여기서 지내면 얼마나 좋겠습니까! 저희가 초막 셋을 지어 하나는 선생님께, 하나는 모세에게, 하나는 엘리야에게 드리겠습니다" 하고 예수께 말하였다. 무슨 소리를 하는지 자기도 모르고 한 말이었다. (루가 9:28~34)

썩을 몸으로 묻히지만 썩지 않을 몸으로 다시 살아납니다. (고린토전서 15:42)

육체적인 몸으로 묻히지만 영적인 몸으로 다시 살아납니다. (고린토전서 15:44)

우리는 죽지 않고 모두 변화할 것입니다. 마지막 나팔소리가 울릴 때 순식간에 눈 깜박할 사이도 없이 죽은 이들은 불멸의 몸으로 살아나고 우리는 모두 변화할 것입니다. (고린토전서 15:51~52)

이리하여 인간은 그의 완성, 즉 종말론적 희망의 실현을 하느님 곁에서의 최후의 삶에서 발견한다. 그때에는 그가 "주님과 같은 모습으로 변화"되고(고린토후서 3:18), 하느님이 "만물을 완전히 지배"하시게 될 것이다 (고린토전서 15:28).

5. 선의 최종적 승리에 대한 희망

그리스도교는 우리 영육의 구원과 부활의 희망을 중심으로 하는 종교이지만, 또한 도덕 종교의 특성도 지닌다. 그리스도교에서 신은 한편으로 도덕적 의무의 원천이자 보증자로 여겨진다. 그리고 다른 한편으로 신은 역사의 주인으로, 다시 말해서 우리의 선한 의도가 실패할 때에도 여전히 숭배되는 자로 여겨진다. 그리고 더 나아가 신은, 선한 의도와 역사의 진행 과정을 최종적으로 화해시키는 보증자로 여겨진다. 이 후자가 가장 중요하다. 우리는 유비 추리를 통해 데카르트가 생각해 낸 것과 같은 어떤 악령을 상상해 볼 수 있다. 그 악령은, 우리의 모든 선한 의도들이 항상 정반대의 결과로 나타나도록 하고, 또 우리의 선한 행동들이 항상 나쁜 결과를 낳도록 교묘하게 조종한다. 그러한 세계에서라면 우리는 결코 선한 행동을 할 수 없을 것이다.

그러므로 선한 행동의 실현은, 세상은 실제로 그렇지 않고 최소한 일반적이고 장기적인 관점에서 볼 때 선은 선을 낳는다는 믿음을 필요로 한다. 그래야 비로소 선한 행동은 의미를 가진다. 그래야 비로소 선한 행동의 본래적 의미가 역사의 진행 과정을 통해서 무의미한 것으로 되지 않는다. 그러나 우리는, 악이 끝까지 관철되어 결정적으로 승리하지 않는다는 것을 우리가 동시에 믿을 때에만 이것을 믿을 수 있다. 왜냐하면 악이 승리한다면, 선한 의도들은 결국 모두 헛된 것이 되고 말기 때문이다. 그래서 신에 대한 믿음은, 악한 의도란 길게 볼 때 정반대의 결과를 낳고 어쨌든 선에 기여할 수밖에 없다는 생각을 수반한다. 이러한 생각은 칸트를 비롯한 피히테와 헤겔 그리고 마르크스의 역사철학의 핵심을 이룬다. 괴테의 『파우스트Faust』에 나오는 메피스토Mephisto[악령]의 다음과 같은 언급도 이러한 생각의 반영일 것이다. "나는, 언제나 악을 지향하지만 언제나 선을 낳는 세력의 일부이다."[9]

━━ 9 로베르트 슈페만(박찬구·류지한 역), 『도덕과 윤리에 관한 철학적 사유』, 철학과현실사,

6. 유한한 자의 종교로서의 그리스도교

그리스도교 인간관을 논하는 말미에 인간의 실존적 한계상황에서 그리스도교가 가지는 의의에 관해 생각해 보고자 한다. 인간의 운명과 관련하여 한 가지 명심해야 할 것이 있다. 모든 인간의 '노력'은 그의 삶의 실현을 위한 필요조건이기는 하지만 충분조건은 아니라는 것이다. 인간은 마땅히 자기반성을 통해 늘 진리를 깨우치도록 노력하고 또 올바른 길을 걸어가야 하는 존재이다. 하지만 그가 나름대로 최선의 노력을 다했음에도 불구하고 좌절할 수밖에 없는 상황에 처한다면 그때는 어떻게 해야 할 것인가? 물론 불교나 도교, 또는 명상을 통해 자기완성을 지향하는 종교적 노력이야말로, 인간이 소우주임을 생각해 볼 때, 모든 문제를 근본적으로 해결하는 길이라는 데 이론異論이 있을 수 없다. 또 인간의 문제를 괴력난신怪力亂神에 의지하려 하지 않고 항상 상식과 인륜에 의거하여 해결하려 했던 유교 또한 동양의 영원한 지혜라 하지 않을 수 없다. 그러나 유한한 인간에게 있어 진정한 도덕적 삶의 완성은 (아니 그 최소한의 실현조차도) 늘 벅찬 과제가 아닐 수 없다. 그래서 좌절에 빠진 인간은 초월적 인격자를 찾게 된다. 그의 절대적인 사랑에 기대를 걸게 된다. 다음 「욥기」의 구절은 절대적인 한계상황 속에서 신을 향해 부르짖는 인간의 모습을 보여준다.

2001, 160~161쪽.

내가 당신께 부르짖사오나

당신께서는 대답도 없으시고

당신 앞에 섰사오나

보고만 계십니다.

당신은 이다지도 모진 분이십니까?

손을 들어 힘껏 치시다니.

나를 번쩍 들어 바람에 실어 보내시고

폭풍에 휘말려 사라지게 하시다니.

아, 어찌 모르겠습니까?

당신께서 나를 죽음으로 이끌어 가시리라는 것을.

모든 산 자가 모여 갈 곳으로 데려가시리라는 것을.

이렇게 빠져들어 가면서 그 누가

살려달라고 손을 내뻗지 않으며

절망에 빠져서 도움을 청하지 않으랴! (욥기 30:20~24)

인간은 이렇게 죽음과 허무의 심연 속에서 절규할 때조차 절대자를 향해 마지막 희망을 거는 존재이다. 물론 이 모든 것에 최종적인 의미를 부여해 주는 절대자는 우리의 한정된 경험 안에서는 그의 모습을 드러내지 않는다. 그래서 그는 한 번도 완전하게 우리에게 이해된 적은 없다. 하지만 동시에 그는 우리 인간 세계의 의미 전체에 항상 전제되어 있다. 그는, 우리가 무력한 상태에서 '하느님'이라는 인간의 말로 부르는, 비밀로 가득 찬 배경으로 남아 있다.

신은 어쩌면 자유의지를 지닌 유한한 정신을 창조한 다음, 그들에 의해 다시 자기 자신이 알려지도록, 즉 그들이 완전한 자유의지를 가지고 자신을 선택하게 하는 방식으로 세상을 만들었을지도 모른다. 그래서 그는 아직도 절박하게, 그리고 안타깝게 "나의 하느님, 나의 하느님, 어찌하여 나를 버리셨나이까?"(마태오 27:46, 마르코 15:34) 또는 "아버지, 저 사람들을 용서하여 주소서! 그들은 자기들이 하는 일이 무엇인지를 모르고 있습니다"(루가 23:34)라고 '무력하게'(그러나 무한한 사랑의 힘을 가지고) 외치며 아직도 기다리고 있는지도 모른다.

1. 다음은 도스토옙스키의 『카라마조프가의 형제들』 중 제2부 5편 5장 「대심문관」에 나오는 내용 중 일부이다. 원고인 대심문관이 피고인 예수 그리스도를 비난하는 형식으로 서술되어 있는 이 글을 읽고, 인간의 자유와 참된 신앙의 관계에 대해 토론해 보자.

> 당신은 인간의 자유를 지배하는 대신에 오히려 그 자유를 증진시켜, 그 괴로움으로 말미암아 인간의 정신의 왕국에 영원히 무거운 짐을 지워 주었소. 당신은 당신에게 유혹되어 사로잡힌 인간이 자유롭게 당신을 따라올 수 있도록 인간의 자유로운 사랑을 바랐소. 고대로부터 내려오는 확고한 율법 대신에, 인간은 그 후부터 무엇이 선이고 무엇이 악인가를 자유로운 마음으로 혼자서 결정지어야만 했소. 그러나 선택의 자유라는 무서운 짐이 인간을 압박할 때 그들은 당신에게 등을 돌리고 당신의 형상도 당신의 진리도 반박하게 되리라는 것을 생각해 본 일이 있소? 그들은 마침내 진리는 그리스도 안에 있지 않다고 외치게 될 거요. 그것은 당신이 그처럼 많은 걱정거리와 해결할 수 없는 문제들을 그들에게 줌으로써 그들로 하여금 혼란과 고통 속에 남아 있게 했기 때문이오. 그리하여 당신은 스스로 자기 왕국을 붕괴시키는 기초를 놓았으니 그 점에 있어서 누구를 더 이상 비난해서는 안 됩니다. … 인간은 신보다도 오히려 기적을 구하는 존재라오. 인간이란 기적 없이는 살 수 없기 때문에 그들은 제멋대로 새로운 기적을 만들어내고, 마침내 기도사의 기적이나 무당의 요술까지도 믿게 되는 거요. 다른 사

람보다 몇백 배 더한 반역자, 이교도, 무신론자조차 이 점에서는 역시 매한가지라오. 당신은 많은 사람들이 '십자가에서 내려와 봐라, 그럼 네가 하느님의 아들이라는 걸 믿겠다'고 희롱 삼아 외쳤을 때에도 십자가에서 내려오지 않았소. 이것 역시 당신이 기적에 의해 인간을 노예로 삼으려고 하지 않고, 기적에 의하지 않은 자유로운 신앙을 갈망했기 때문이었소. 당신이 갈망한 것은 무서운 위력에 의한 인간의 노예적인 환희가 아니라 자유로운 사랑이었던 거요. 그러나 이 점에서도 당신은 인간을 너무 높이 평가했었소. 그들은 태생이 반역자이긴 하지만 역시 노예이기 때문이오. … 단언컨대, 인간이란 당신이 생각했던 것보다 약하고 비열하게 만들어져 있단 말이오! 과연 당신이 한 것과 같은 일을 인간이 해낼 수 있을까요? 그들을 그렇게까지 존경함으로써 오히려 당신의 행위는 그들에게 동정을 품지 않은 것으로 되어 버렸소. 그것은 당신이 그들에게 너무나 많은 것을 요구했기 때문이오. 이것이 인간을 당신 자신보다 더욱 사랑한 당신이 해야 할 일이었을까요? 만약에 당신이 그렇게까지 그들을 존경하지 않았던들 그들에게 그렇게까지 많은 것을 요구하지는 않았을 거요. 그리고 그 편이 오히려 그들을 사랑하는 결과가 되었을지도 모르오. 그들의 부담도 가벼워졌을 테니까. 인간이란 원래가 무력하고 비열한 족속이니까. … 따라서 불안과 혼란과 불행 — 이것이 당신이 그들의 자유를 위해 그토록 고난을 겪고 난 후 현세의 인간의 운명이오![10]

---

10 도스또예프스끼(이종진 편역), 『대심문관』, 한국외국어대학교출판부, 2004, 34~37쪽.

2. 신약성서에 나오는 다음 구절은 인간에게 주어진 운명적인 조건이란 결코 절대적인 한계상황이 될 수 없다는 것, 신은 인간의 타고난 조건으로 인한 불행도 역전시킬 수 있는 존재라는 것, 즉 천형天刑처럼 보이는 인간의 조건조차 장차 신의 영광을 드러내는 역사 창조의 소재가 될 수 있다는 것을 보여 준다. 이 구절이 우리에게 던져 주는 교훈에 관해 성찰해 보자.

> 예수께서 길을 가시다가 태어나면서부터 눈먼 소경을 만나셨는데 제자들이 예수께 "선생님, 저 사람이 소경으로 태어난 것은 누구의 죄입니까? 자기 죄입니까? 그 부모의 죄입니까?" 하고 물었다. 예수께서는 이렇게 대답하셨다. "자기 죄 탓도 아니고 부모의 죄 탓도 아니다. 다만 저 사람에게서 하느님의 놀라운 일을 드러내기 위한 것이다. 우리는 해가 있는 동안에 나를 보내신 분의 일을 해야 한다. 이제 밤이 올 터인데 그때는 아무도 일을 할 수가 없다. 내가 이 세상에 있는 동안은 내가 세상의 빛이다."(요한 9:1~5)

5장

불교의 인간관

연기와 윤회, 그리고 해탈

앞에서 우리는 과학 시대의 결정론적 인간관과 고대 그리스의 인간관 및 그리스도교 인간관이 지닌 면면을 훑어보았다. 이번에는 동양의 대표적 종교인 불교의 인간관을 살펴볼 차례이다.

불교 인간관의 문제의식을 담고 있는 다음 글로 시작해 보자.

잔인하게 살인을 저지른 어떤 범죄자가 자신의 행동은 동물적 본성의 표현일 뿐이므로, 자신에게는 아무런 책임이 없다고 주장한다면 어떻게 될까? … 이처럼 일종의 생물학적 결정론을 주장하는 이상, 행위 주체의 자율성과 그로 인한 책임을 논하기는 어려울 수밖에

Käthe Kollwitz, Liebespaar, sich aneinander schmiegend, 1910

없다.

인간과 동물의 연속성에 대한 강조가 인간의 우월 의식을 허물고, 인간과 자연의 연속성에 관한 자각의 단서로 작용할 수 있는 것은 사실이지만, 인간중심주의적으로 설정된 인간 본성 이론에 대한 대안이 과연 인간의 동물화로만 가능한 것인지는 여전히 의문으로 남는다.

또한 고대나 중세처럼 불사_{不死}를 꿈꿔 신과의 닮음 속에서 인간의 본성을 규정하든, 근대처럼 더 이상의 불사는 포기한 채 신이 떠난 그 자리에 신 대신 현실 세계의 지배를 꿈꿔 인간 자신의 주체성 속에서 인간의 본성을 규정하든, 인간의 본성이라는 것이 이처럼 미리 전제된 의도 속에서 각색되는 것이 과연 타당한 것인가 하는 것 역시 의문으로 남는다.

인간의 본성에 관한 불교의 입장이야말로 바로 이런 문제들에 대한 적절한 답변이 될 수 있을 것이다.[1]

1. 불교 인간관의 특징

이미 살펴본 바와 같이, 고대 그리스의 인간관은 인간을 사멸적 육체와 불사의 영혼의 결합으로 보았다. 이로써 육체-영혼, 물질-정신,

---

1   김종욱, "불교: 인간, 그 염정의 이중주", 소광희 외, 『인간에 대한 철학적 성찰』, 문예출판사, 2005, 24~25쪽.

몸-마음이라는 이원론이 자리 잡게 되었으며, 신적 기원을 가진 후자(즉 이성)가 물질적 기원을 가진 전자(즉 욕망)를 지배하는 것을 이상으로 삼았다. 아울러 사후의 영혼 불멸을 믿었다. 한편 그리스도교 인간관에 의하면 인간은 신의 피조물로서 육신을 지닌 유한한 존재인 동시에 이성과 자유의지라는 신적 형상을 지닌 존재이다. 그런데 그는 자유의지를 남용함(원죄를 지음)으로써 정죄된 상태로 떨어졌고, 이제는 오직 그리스도를 통한 구원만이 그의 소망이다. 또한 그리스 사상과 달리, 죽은 후 영혼뿐만 아니라 육신도 부활할 것('썩지 않을 몸, 영적인 몸, 불멸의 몸'으로 다시 살아날 것)을 믿는다.

그렇다면 불교의 인간관은 이와 어떻게 다른가? 서양에서의 인간에 관한 논의가 주로 창조주와 피조물 사이의 종속 관계, 같은 피조물인 인간과 자연 사물 간의 우열 관계, 또는 인식 주체와 인식 객관(대상 세계) 간의 이분법적 구도, 인간의 의식과 무관하게 존재하는 외부 대상 세계의 실재라는 구도 아래 전개된다면, 불교는 인간의 의식과 무관한 일체의 대상 세계를 인정하지 않는다. 인간의 마음 바깥에 그 자체로 실재하는 객관 세계란 존재하지 않는다고 보는 것이다. 다시 말해, 일체의 대상적인 것은 모두 마음에 의해 객관화되고 외화된 마음의 산물에 지나지 않는다고 보는 것이다. 이처럼 '모든 것은 마음이 만들어 낸다'는 일체유심조一切唯心造야말로 불교의 기본 입장이라 할 수 있다.

2. 연기의 법칙

불교 우주론의 특징은 우주 밖에서 우주를 만들거나 창조하는 우주 초월적 신을 따로 설정하지 않는다는 것이다. 그렇다고 해서 우주가 원래부터 그냥 그렇게 있다고 보는 것은 아니다. 불교는 우주가 존재하게 된 데에는 어떤 원인이 있다고 보는데, 이를 '연기緣起'로 설명한다.

연기란 '어떤 조건으로 말미암아 생겨난다'는 뜻이다. 이는 모든 존재가 다 그럴 만한 조건이 있어서 생겨났다는 것, 우연히 또는 조건 없이 존재하는 것은 이 세상에 없다는 것을 의미한다. 반대로 말하면, 모든 존재는 그것을 성립시킨 조건이 없어질 때 또한 없어져 버린다는 것, 따라서 독립적인 것, 영원불변하는 것은 이 세상 어디에도 존재할 수 없다는 것을 의미한다. 좀 더 줄여서 말하자면 '조건에 의한 발생', 또는 '관계성', '인과성' 정도로 표현할 수 있을 것이다.[2] 연기에 관한 경전의 표현은 다음과 같다.

> 이것이 있음으로 말미암아 저것이 있고, 이것이 생김으로 말미암아 저것이 생긴다.
> 이것이 없음으로 말미암아 저것이 없고, 이것이 멸함으로 말미암아 저것이 멸한다.[3]

---

2 마쓰야 후미오(이원섭 역), 『아함경 이야기』, 현암사, 1995, 86쪽 참조.
3 『상응부 경전(相應部經典)』 12:21:19.

그렇다면 이 우주를 있게 한 원인은 무엇인가? 불교는 그것을 유정有情(생명체)의 업력業力, karma이라고 한다. 인간의 의지로부터 작용하는 업력인 정신적 힘을 우주를 구성하는 근본 활동성으로 보는 것이다. 이러한 유정의 업력으로 우주가 생겨나는 과정에 대한 설명은 매우 복잡하여 여기서는 생략하지만, 불교 우주론의 특징이 드러나는 한 가지만은 확실히 해 둘 필요가 있다. 그것은 신의 천지창조와 같은 태초의 개념이 없다는 것이다. 무한소급을 인정함으로써 최초와 최후의 개념이 없으며, 따라서 모든 것은 무한한 순환 관계 속에 있다. 모든 존재가 서로 연관되어 있어 다른 존재와 경계 지어지지 않을 뿐만 아니라 무와도 구분될 수 없으므로, 그것은 무라고도 유라고도 말할 수 없는 것, 즉 공空이 된다.[4]

'공'이란 아무것도 존재하지 않는다는 뜻이 아니라, 사물들에는 내재하는 실재가 존재하지 않는다는 뜻이다. 다시 말해서, 사물들은 존재하되 그 자체로서 본래적으로 존재하는 것은 아니며, 따라서 존재는 연기법의 관점으로만 이해할 수 있다는 것이다. 다음 경전 구절은 이를 잘 말해 준다.

조건들로부터 태어난 것은 태어난 것이 아니다.

그것은 그 자체로 인해 생겨난 것이 아니기 때문이다.

조건들에 의존하고 있는 것을 '공'이라 한다.

---

4 한자경, 『동서양의 인간 이해』, 서광사, 2001, 67~71쪽 참조.

이 '공'을 아는 사람은 마음이 고요하다.[5]

만일 일체의 우주 현상 세계가 우리의 마음이 빚어낸 현상이라는 것을 자각한다면, 우리는 현상적인 것들로부터 자유로워질 것이다. 현상 세계의 모든 존재가 각기 독자적인 실재가 아니라 연기에 따라 생겨나는 '공'임을 자각함으로써, 우리는 자기 자신을 현상적인 것들과 동일시하지 않는 무집착의 마음을 얻게 될 것이다. 반대로 이러한 연기를 깨닫지 못해 무지, 즉 무명無明에 빠져 있다면, 그 무명 상태의 마음은 온갖 집착으로 인해 업을 짓게 된다. 마음이 이러한 공성空性을 깨닫지 못한 채 현상 속의 신체나 느낌이나 생각들을 자신과 동일시함으로써 업을 짓게 된다. 그런데 불교는 업은 반드시 어떤 결과를 낳는다는 업보業報를 주장한다. 마음 속의 생각은 반드시 흔적을 남기고 결과를 낳지, 그냥 사라지지 않는다는 것이다. 업의 세력이 남아 있다가 다른 생각이나 행동을 낳기도 하고 성격을 이루기도 하여 삶을 이끌어 가기 때문이다. 그리고 한 생애에서 그 업보를 다하지 못하면 다음 생으로 이어지게 된다. 이러한 업력을 간직한 무의식적 심층 마음을 '아뢰야식'이라 하는데, 불교의 연기설은 이 아뢰야식을 통해 유정의 윤회를 설명한다.[6] 아뢰야식에 대해서는 윤회를 논하는 후속 절에서 다시 언급하기로 한다.

연기와 관련하여 붓다는 무지에서 시작하여 탄생과 죽음에 이르

5 텐진 갸초(주민황 역), 『달라이라마의 반야심경』, 무우수, 2003, 136~138쪽.
6 한자경, 『동서양의 인간 이해』, 79~80쪽 참조.

는 열두 고리의 연기, 즉 '십이연기'를 설명하는데, 이는 깨달음을 얻지 못한 중생들이 삶과 죽음을 거듭하는 과정을 보여 준다.[7]

1) 무지無知: 전생에서의 무명

2) 행行: 무명으로 인한 집착적 업

3) 식識: 수정란에 아뢰야식이 결합

4) 명색名色: 정신적 요소와 육체적 요소(태아의 신체와 의식 발생)

5) 육처六處: 여섯 가지 감각기관(眼, 耳, 鼻, 舌, 身, 意)을 갖춘 아기 탄생

6) 촉觸: 접촉(인식기관根, 인식 대상境, 인식識의 화합)

7) 수受: 느낌(괴로움苦, 즐거움樂, 괴롭지도 즐겁지도 않은 것捨)

8) 애愛: 갈애(즐거움을 탐하고 괴로움을 싫어함)

9) 취取: 마음을 편벽되게 하는 집착

10) 유有: 업력으로 인해 다음 생으로 이어질 존재 형성

11) 생生: 다음 생으로 탄생

12) 노사老死: 늙음과 죽음

이러한 연기의 12항목은 전생前生을 인因으로 현생現生의 과果가 어떻게 나타나고, 다시 현생에서의 인에 따라 내생來生의 과가 어떻게 생겨나는지를 전생-현생-내생에 걸친 이중의 인과로 표시하고 있다. 그런데 현상이 '생겨나는' 과정이 아니라 '소멸하는' 과정에 주목해 본다면 그 순서

---

7   텐진 갸초(주민황 역), 『달라이라마의 반야심경』, 44쪽 참조.

는 거꾸로 된다. 즉 늙음과 죽음이 소멸하는 것에서 시작하여 탄생이 소멸하는 역순으로 진행된다. 무명으로 인해 생로병사의 고통이 생겨난다는 것은, 무명을 제거하면 고통도 함께 사라진다는 것을 함축하기 때문이다. 이 역순의 진행은 깨달음을 얻은 존재들의 연기법을 보여 준다. 이처럼 십이연기법은 깨달은 존재와 깨닫지 못한 중생들의 연기법을 동시에 보여 준다.[8]

3. 사성제

앞에서 불교의 우주론을 먼저 살펴본 것은 그것이 불교 인간관의 형이상학적 배경을 이룬다고 보았기 때문이다. 그러나 불교의 출발점은 무엇보다 우리의 인생이 고통스럽다는 인간 실존의 현실이다. 싯다르타가 출가를 결심하게 된 것도 바로 이 고통스러운 현실을 목격하고 그 해결책을 찾기 위해서였다. 그래서 붓다는 초기 설법부터 이러한 고통을 강조하고 그것으로부터 벗어나는 방법을 역설했던 것이니, 그것이 곧 '사성제四聖諦'라는 네 가지 진리이다.

도를 닦는 이는 반드시 네 가지 진리를 알아야 한다. 어리석은 사람들은 진리를 알지 못해 오랫동안 바른 길에서 벗어나 생사生死에 매여

---

8 같은 책, 45쪽 참조.

헤매느라고 쉴 새가 없다. 어떤 것이 네 가지 진리인가. 첫째는 이 세상 모든 것이 괴로움이니 이것을 고^苦라 한다. 둘째는 괴로움은 집착으로 말미암아 생기는 것이니 이것을 집^集이라 한다. 셋째는 괴로움과 집착이 없어져 다한 것이니 이것을 멸^滅이라 한다. 넷째는 괴로움과 집착을 없애는 길이니 이것을 도^道라 한다.[9]

이러한 사성제에 앞 절에서 살펴본 연기의 법칙을 적용해 본다면, "이것이 있음으로 말미암아 저것이 있고, 이것이 생김으로 말미암아 저것이 생긴다"라는 연기법칙의 전반부가 적용되는 곳은 사성제의 첫째와 둘째 명제(고·집)이다. 그리고 "이것이 없음으로 말미암아 저것이 없고, 이것이 멸함으로 말미암아 저것이 멸한다"라는 연기법칙의 후반부가 적용되는 곳은 사성제의 셋째와 넷째 명제(멸·도)이다. 사성제의 첫째와 둘째 명제가 고의 발생에 관한 이론적인 부분이라면, 사성제의 셋째와 넷째 명제는 고의 소멸에 관한 실천적인 부분이라 할 수 있다. 이처럼 사성제는 연기의 원리에 입각해서 그것을 실천의 체계로까지 재조직한 것이다.[10]

'이것이 고이다'라고 인식하고(제1성제) '고의 원인은 집착 때문이다'라고 진단한다면(제2성제), 다음으로는 당연히 '고를 없애려면 집착을 없애야 한다'라는 처방(제3성제)이 나오게 될 것이다. 그렇다면 그다음 질문은 '어떻게 집착을 없앨 수 있는가?'일 것이고, 이에 대한 대답이 바로 제

---

9   『불교성전』, 불교성전편찬회, 1991, 81쪽.

10   마쓰야 후미오(이원섭 역), 『아함경 이야기』, 96~98쪽 참조.

4성제일 것이다. 제3성제가 실천의 원리를 가르쳐 준 것이라면, 제4성제는 그 원리에 따르는 실천의 방법을 제시한 것으로서, 바른 견해[正見], 바른 생각[正思], 바른 말[正語], 바른 행위[正業], 바른 생활[正命], 바른 수행[正精進], 바른 마음가짐[正念], 바른 명상[正定]이라는 팔정도八正道가 바로 여기에 해당한다.

4. 무아론

다시 고통에 대한 붓다의 언급으로 돌아가 보자.

괴로움의 뜻을 알지 못하고 지혜롭지 못하므로 오랫동안 먼 길을 헤매어 생사가 쉬지 않는다. 그러나 반드시 이 세상 모든 것이 괴로움임을 알 것이니, 괴로움이란 나는 것[生], 늙는 것[老], 병드는 것[病], 죽는 것[死], 번민, 사랑하는 사람과 헤어지는 것[愛別離苦], 미워하는 사람과 만나는 것[怨憎會苦], 구하는 것이 얻어지지 않는 것[求不得苦] 등이다.[11]

그렇다면 이 모든 고통의 원인은 무엇인가? 붓다에 의하면 모든 고통은 집착에서 비롯하는데, 그 근저에는 자아에 대한 집착이 놓여 있

---

11 『불교성전』, 81쪽.

다. 그런데 기실 그렇게 집착할 만한 자아라는 것은 존재하지 않는다. 그런 자아가 존재하지 않는데도 영원한 자아가 존재한다는 생각에 매달리는 것이 바로 무지이다. 십이연기의 첫 번째 고리인 이 무지가 사라지면 다음 번 고리도 일어나지 않게 되고, 이런 식으로 계속 나아가면 종국에는 고통스러운 윤회에서 벗어나게 된다. 이것이 불교가 궁극적으로 지향하는 해탈이다. 그렇다면 해탈이란 결국 집착할 만한 자아가 존재하지 않는다는 무아無我를 깨닫는 것이라 할 수 있다.[12]

불교에서는 우리가 집착하는 자아를 가리켜 오온五蘊의 화합물이라고 한다. 오온이란 사람을 이루고 있는 신체와 정신 작용으로서 몸[色], 느낌[受], 생각[想], 의지 작용[行], 의식[識]의 다섯 가지를 의미한다. 그리고 우리가 자아라고 생각하며 아끼고 집착하는 것은 바로 이러한 몸이나 느낌, 생각, 의지, 의식들에 다름 아니라고 주장한다. 자아란 변치 않는 실체가 아니라, 오온이 서로 인연이 닿아 형성된 연기적 존재라는 것이다. 결국 자아는 '공'이라는 이야기이다.

그런데 우리는 어떤 의미로는 몸과 마음의 주인인 자아, 즉 독립적인 행위자가 존재한다는 느낌을 갖고 있다. 윤회를 믿는 사람들은 한 생에서 다음 생으로 동일한 인물을 이어 주는 것이 자아라고 상상할지도 모른다. 수많은 전생들이 있다는 걸 믿지 않는 사람의 경우에도 이 현생에서는 어린 시절부터 중년기를 거쳐 늙어 죽을 때까지 '나'라고 하는 변치 않는 실재가 있다고 생각한다. 분명히 우리는 많은 생을 통해서든 한 생

---

12 한자경, 『동서양의 인간 이해』, 140~141쪽 참조.

애에서든 항상 동일한 연속체로서 남아 있는 무언가가 있다고 믿는다. 이 때문에 다른 많은 종교인들도 사람의 육체적·정신적 구성 요소들과 상관없는 단일하고 불변하며 영원한 영혼이나 절대적 실재가 존재한다고 주장한다. 그러나 불교의 가르침에 따르면, 개인의 육체적·정신적 요소들(오온) 외에 불변하는 자아나 절대적인 실재 같은 것은 존재하지 않는다. 자아라는 개념은 전적으로 형이상학적 구성물이며 마음이 만들어 낸 허구일 뿐이다. 모든 중생들이 '내재하는 자아라는 느낌'을 갖고 있지만, '영원하고 불변하며 단일하고 독립적으로 존재하는 자아'라는 개념은 그런 생각을 하는 사람들의 마음속에서만 존재한다. 결국 자아라는 것은 육체적·정신적 요소들에 수반하는 어떤 의존적인 현상일 뿐이라고 결론 내릴 수 있을 것이다.[13]

---

5. 사법인

무아론에 이어서 이번에는 존재하는 만물에 적용되는 네 가지 원칙, 즉 '사법인四法印'에 대해 알아보자.

제행무상諸行無常: 모든 현상들은 영원하지 않다.
일체개고一切皆苦: 모든 현상들은 고통스럽다.

---

13 텐진 갸초(주민황 역), 『달라이라마의 반야심경』, 110~112쪽 참조.

제법무아諸法無我: 모든 현상들에는 내재하는 실재가 없다.

열반적정涅槃寂靜: 열반은 진정한 평화이다.

'제행무상'이란, 모든 것은 상호 의존적으로 생겨난 것이기에 매 순간 끊임없이 변화하고 해체되는 과정을 겪고 있으며 그러기에 영원할 수 없다는 뜻이다. '일체개고'란, 모든 사물들과 사건들이 불만족스럽고 고통스럽다는 뜻이다. 이는 세상에는 영원한 것이 없는데도 우리가 영원한 것을 추구하고, 욕망은 결코 만족될 수가 없는데도 우리가 끊임없이 욕망을 추구하기 때문에 초래된 것이다. '제법무아'란, 모든 것에는 불변하는 본질이 없다는 뜻이다. 현실 세계 속의 '나'는 여러 가지 요소(오온)로 이루어져 끊임없이 변화하는 존재인데도 마치 영원불변의 내가 있는 것처럼 생각하는 것, 그리고 모든 사물이나 행위의 배후에 어떤 불변의 본질이 있다고 생각하는 것은 모두 근본적인 무지의 결과이며 따라서 잘못이라는 것이다. '열반적정'이란, 우리의 잘못된 견해가 이 모든 고통의 원인임을 명상을 통해 깨닫고 나면 우리를 지배하고 있던 무지가 사라져 진정으로 자유롭고 평화롭고 행복한 상태인 열반에 이를 수 있다는 것이다.[14]

---

14 같은 책, 112~120쪽 참조.

6. 윤회와 해탈

대승불교의 중요한 사상 중 하나는 유식唯識 사상이다. 유식이란 '오직 의식뿐'이라는 뜻으로, 현상 세계는 의식의 장난에 불과하고, 의식을 떠나 객관적 실재란 존재하지 않는다는 것이 핵심이다. 즉 이 세상 모든 것이 의식의 흐름이므로 의식을 제대로 잡고 그 의식의 근본을 알아야 궁극 목적인 해탈에 이를 수 있다는 것이다.

유식 사상의 특징 중 하나는 '심층의식'을 강조하는 것으로, 그 주요 관심은 객관적 세계의 존재 여부가 아니라 마음에 있다. 유식 사상가들은 의식의 존재 형태를 오감五感에 따른 의식, 그 내면의 자기중심적인 마음, 그리고 이보다 더 근본적인 마음이라는 세 가지로 설명한다. 여기서 우리는 아뢰야식에 주목하게 된다.

'아뢰야식'이란, '아뢰야'라는 말에 '저장'이라는 뜻이 있듯이, 심리적 경험활동에 의해 산출되는 잠재적 형성력(종자種子)을 축적하여 간직하고 있는 의식을 말한다. 유식 사상에 따르면, 우리는 일반적으로 경험활동의 주체가 자아이고 그 활동의 대상이 되는 것이 밖에 따로 실재한다고 여긴다. 하지만 활동의 주체는 마음이며, 모든 것은 마음의 작용에 의해 알려진 내용에 불과하다. 우리는 단지 순간순간 생멸하는 마음이 일정 기간 지속되는 것을 자아라는 개념으로 묶어 집착하고 있을 뿐이다. 이런 자아의식[제7식, 意]과 대상의식[제6식, 識]을 총괄하여 마음의 흐름에서 주체가 되는 일종의 잠재의식이 바로 아뢰야식[제8식, 心]이다.[15]

이것은 주관과 객관이 분리되지 않는 심층적 자기의식을 의미하는데, 달라이라마는 이를 가리켜 '순수하고 미묘한 마음', 혹은 '미세마음subtle mind'이라 부른다. 그리고 윤회하는 것은 바로 이 미세마음이라고 주장한다.[16]

　　흔히 불교의 윤회설은 윤회하는 주체인 자아의 존재를 당연히 전제하고 있는 듯하지만, 이미 살펴보았다시피 불교는 '무아'를 주장한다. 그러므로 이 자아가 윤회하는 것이 아님은 분명하다. 불변하는 자기동일적 실체로서의 자아가 윤회하는 것이 아니라, 업에 따라 형성되는 오온이 윤회하는 것이다. 불교의 윤회관은 사후 영혼에 관한 두 가지 양극단의 관점을 모두 비판하는데, 하나는 사후에도 자기동일적 영혼이 계속 존재한다는 견해이고, 다른 하나는 죽음과 더불어 자기동일적 영혼 역시 사멸하고 만다는 견해이다. 사후의 영혼 불멸을 주장하는 그리스의 인간관이 전자에 해당한다면, 신체의 죽음과 더불어 영혼 역시 사멸할 수밖에 없다고 보는 현대의 유물론적 인간관은 후자에 해당할 것이다. 불교는 전자가 주장하는 엄밀한 의미의 자기동일적 실체의 영속성도 존재하지 않고, 후자가 주장하는 엄밀한 의미의 단절 역시 존재하지 않는다고 본다. 개체적

___

15　김종욱, "불교: 인간, 그 영정의 이중주", 『인간에 대한 철학적 성찰』, 34~35쪽 참조.

16　달라이라마는 우리의 의식 상태를 1) 상식적인 보통의 의식 상태, 2) 꿈꾸는 수면 상태, 3) 꿈이 없는 깊은 수면 상태, 4) 기절이나 졸도한 상태, 5) 죽음 직전의 뇌사 상태 등 여러 가지로 나눈 다음, 5)와 같은 겉보기의 죽음 상태일지라도 '미세마음'이 남아 있을 경우에는 아직 그 사람의 몸이 죽은 것이 아니라고 말한다. 그러면서 윤회란 사후 '나'라는 개체(self)가 통째로 이동하는 것이 아니라, 이 미세마음이 새로운 신체와 결합하여 그 마음이 새롭게 자라고 성장하는 것이며, 그러면 그것은 다른 의식 상태를 가지게 되는 것이라고 설명한다. 다시 말해서, 미세마음은 동일하지만 인격체로서는 전혀 다른 개체가 태어난다는 것이다(김용옥, 『달라이라마와 도올의 만남』, 통나무, 2002, 692~701쪽 참조).

자아란 단지 오온의 화합물일 뿐인데, 그 오온화합물로서의 자아를 두고 불변하는 실체라든가 완전히 없어지는 것이라고 단정할 수 없다는 것이다.[17]

윤회와 해탈에 관한 불교의 입장을 요약하자면 다음과 같다. 인간이 한 생애에서 지은 업력은 그다음 생에서 다시 오온을 형성시킨다. 새롭게 형성된 오온은 이전 생의 오온과 완전히 동일하지도, 완전히 무관하지도 않은 채 인因과 과果, 업業과 보報의 관계로 얽혀 유전하게 된다. 이것이 윤회이다. 현상 세계에 대한 집착과 무명이 남아 있는 한, 인간은 업을 짓게 되고 그 업력에 의해 사후 육도六道[18]를 윤회하게 된다. 그러나 윤회하는 삶은 불교의 궁극 목적이 아니다. 불교가 지향하는 것은 우리가 무명과 집착에서 벗어나 더 이상 현상 세계에 머물면서 업을 짓지 않고, 이로써 육도를 윤회하지 않는 불생불멸의 마음인 진여심眞如心으로 돌아가는 것이다. 이를 해탈이라고 한다.[19]

불교에서는 인간은 누구나 이 진여심, 부처가 될 수 있는 마음, 즉 불성佛性을 지니고 있음을 강조한다. 그리고 불성이 깃든 이 마음을 우주 만물을 포괄하는 하나의 큰마음이라는 뜻에서 일심一心이라고도 한다. 자기 내면에 깃든 불성을 자각하여 해탈한다는 것은 곧 일심의 회복이며 마음의 자기 자각이 된다. 그렇다면 해탈이란 굳이 사후의 문제가 아니라

---

17 한자경, 『동서양의 인간 이해』, 214~218쪽 참조.

18 중생의 업에 따라 윤회하는 여섯 가지 길, 즉 지옥, 아귀, 축생, 아수라, 인간, 천상을 가리킨다.

19 한자경, 『동서양의 인간 이해』, 237쪽 참조.

현생의 삶에서도 일어날 수 있는 사건이다. 우리가 일상적으로 자아 또는 객관 세계라고 집착하는 것들이 실은 그렇게 집착하는 마음을 떠나 그 자체로 존재하는 실재가 아니라는 것, 모두가 인연이 얽혀 생겨나는 연기적 존재라는 것을 올바른 공부와 수행을 통해 깨달아 안다면, 이것이 바로 선불교에서 말하는 견성見性이요 해탈인 것이다.[20]

---

20 같은 책, 221~222쪽 참조.

1. 다음 글을 읽고 "불교는 철학인가, 아니면 종교인가?"라는 물음에 답해 보자.

　불교는 무신론으로 알려져 있습니다. 그것은 불교가 기독교와 맞서 스스로를 변호하고 선전한 전략의 결과일 수도 있습니다. 기독교가 초월적 인격을 믿고, 그에 의존하는 것을 삶의 길로 채택하는 데 대해, 불교는 자신의 불성을 믿고, 그것을 깨달음과 수행으로 개화시켜나가는 자력의 지혜라는 뜻에서 그렇게 가닥을 잡았습니다. 그러나 실제로 불교는 수많은 신화를 갖고 있고, 불보살들의 세계를 기정사실화하고 있다는 점에서, 무신론이라기보다 다신론의 체계입니다. 또 대승의 발전에 있어, 대승大乘이나 일심一心 등의 근본 원리를 축으로 한다는 점에서 범신론적 체계라고 부르기도 합니다.

　어쨌거나, 불교는 초월적 인격이 저 하늘 꼭대기에 있어서 인간의 일을 감시하고 심판한다고 생각하지는 않은 점에서 종교라고 하기 어렵습니다. 그런데 요즘은 또 다르게 말합니다. 종교의 기준을 초월적 인격으로 설정하는 것은 너무 유대·기독교적 편견이라면서, 종교의 핵심을 '인간의 궁극적 관심'으로 전향시킨 것입니다. 루돌프 오토가 설정한 이 기준으로 하자면, 불교나 유교는 인간의 구원이라는 최종적 관심을 축으로 돌고 있다는 점에서 가장 깊이 '종교'입니다.

　하지만 철학 또한, 인식론의 복잡성이나 논리적 엄밀성을 기준으로 하지 않고 원래 그리스 로마에서 그랬듯이 '삶의 길을 제시하는 지혜에

대한 갈망과 추구'로 규정한다면, 불교와 유교만큼 철학적인 것도 없습니다.[21]

21   한형조, 『붓다의 치명적 농담』, 문학동네, 2011, 260~261쪽.

2. 다음은 선불교에서 말하는 '돈오頓悟'의 깨우침을 비유로 설명한 글이다. 이 비유를 통해 우리가 철학적 인간학을 공부하는 이유에 관해 생각해 보자.

미국 플로리다주에는 아주 인기 있는 사냥개 경주가 있다. 경마와 비슷한 것으로, 트랙을 도는 사냥개들 중 한 마리에 돈을 걸어 그 개가 이기면 돈을 따는 것이다. 개들은 코가 예민하다. 개들을 달리게 하려면 사냥감이 있어야 한다. 다른 개들보다 좀 더 빨리 달리면 사냥감을 잡을 수 있다는 미끼인 셈이다. 이에 따라 플로리다 경주장은 특이한 사냥감을 마련해 놓았다. 바로 트랙 안에 토끼를 풀어놓은 것이다. 그러나 그 토끼는 진짜 토끼가 아니라 로봇 토끼다. 털까지 입혀 모양도 그럴듯하게 만들고 진짜 토끼 냄새도 나게 만들어서, 개들이 그 냄새를 쫓아 달리도록 한 것이다. 이 로봇 토끼는 중계탑에 서 있는 사람이 조종하도록 해 놓았다. 사냥개들은 토끼 냄새를 쫓아 트랙을 따라 열심히 돌고 돌지만 실은 가짜 토끼를 따라다니는 것이다.

그러던 어느 날 아주 재미있는 일이 벌어졌다. '클리어 메리Clear Mary'라는 사냥개가 (이름도 '맑은 메리'라는 뜻이니 얼마나 재미있는가) 그즈음 매일 우승을 했는데, 암놈이었던 그 개는 아주 영리했다. 그날도 여느 날과 마찬가지로 경주가 벌어졌다. 경기 시작 소리와 함께 개들이 문을 박차고 나와 로봇 토끼를 쫓아 냅다 뛰기 시작했다. 물론 클리어 메리가 선두를 달렸다. 얼마나 지났을까. 갑자기 이상한 일이 벌어졌다. 선두를 달리던 클리어 메리가 트랙 중간에서 갑자기 멈춰 선 것이다. 관중석에 앉아 있던 사람들이 놀라 일어섰다.

"무슨 일이야?"

"야, 이 멍청한 개야. 빨리 뛰어!"

멈춰 선 클리어 메리는 관중석을 흘끗 쳐다보더니, 다시 눈을 옮겨 앞서 뛰어가는 개들의 엉덩이를 쳐다보았다. 순간, 경기장에 정적이 흘렀다. 다음 순간, 클리어 메리는 가드레일을 뛰어올라 섬광처럼 트랙 가운데로 뛰쳐나가더니, 로봇 토끼를 잡아버렸다. 사람들은 이 놀라운 상황 앞에 넋을 잃었다.

바로 이것이 선 수행자의 마음이다. 모든 사람들은 삶에서 뭔가 갖기를 원한다. 매일 그들의 업, 즉 로봇 토끼만을 쫓는다. 남의 생각과 의견을 쫓아 그것이 진정한 삶이라고 믿으며 산다. 클리어 메리는 수행자나 다름없었다. 그 역시 수년 동안 '로봇 토끼'를 쫓으라고 훈련되어 매일 트랙을 돌았다. 그러나 어느 날 멈춰 서서 상황을 자세히 보기 시작했다. 바로 참선 수행을 시작한 것이다. 미친 듯 뛰어가던 길을 멈춰 서서 삶에서 무슨 일이 일어나고 있는지 들여다본 것이다. 그런 다음, 있는 그대로 모든 상황을 맑게 인식한 것이다. 안과 밖을 점검하지 않고 바로 하나가 된 것이다. 이것이 깨달음이다.[22]

22   숭산, 『선의 나침반 (2)』, 열림원, 2001, 30~32쪽.

6장

유가의 인간관

인간관계 속의 존재

유가에서 바라본 인간은 '이성을 지닌 불멸의 영혼'이거나, '신의 형상을 지닌 유한한 피조물'이거나, '이 세상 모든 것을 만들어 내는 마음[一切唯心造]의 주인공'이 아니라, 타인들과의 관계 속에서 비로소 존재 의미를 찾는 철저히 간주관적間主觀的이고 도덕적인 존재이다.

서양어에서 개인을 가리키는 '맨man'의 번역어 '인간人間'은 '사람 사이'를 뜻한다. 또 '인人'이라는 글자 자체도 두 사람이 서로 의지하고 서 있는 상형문자이다. 이러한 어원적인 분석으로도 우리는 한자문화를 대표하는 유가 사상의 토대를 엿볼 수 있다. 그것은 바로 인간은 공동체적 존재라는 것이다.

Käthe Kollwitz, Mutter, 1919

1. 유가 인간관의 특징

사실 유가는 동아시아의 오랜 농경문화의 산물이다. 잘 알다시피 농사는 많은 일손과 공동 노동을 필요로 하며, 이에 따라 가족 공동체를 중심으로 한 친족 공동체가 발달하였다. 따라서 독립적 개인이 각자 자신의 이익을 추구하는 서구 근대의 시민(부르주아) 개념은 유교 문명에는 매우 낯선 것이라 하지 않을 수 없다. 유교 문명에서는 개인의 이익, 효용, 행복보다는 늘 공동체의 생존과 번영이 우선이었고, 개인은 이를 위해 헌신하는 것이 마땅한 도리였다. 이러한 공동체 속에서 '인간'이란 '가치', '당위', '도덕' 그 자체였고, 이것들이 부정될 때 '인간' 역시 부정될 수밖에 없었다. 또한 인간의 보전과 존중을 위해서도 일정한 위계질서와 권위가 필수적으로 요청되었다. 유가 사상가들은 이러한 권위와 위계질서를 가장 기본적이고 중요한 몇 개의 관계로 압축시킨 후, 이를 도덕의 근간으로 삼았다.

> 천하에 공통된 도가 다섯이요, 이것을 행하는 것은 세 가지이니, 군신 간과 부자간과 부부간과 형제간과 친구 간의 사귐이다. 이 다섯은 천하에 공통되는 도리요, 지智·인仁·용勇 이 세 가지는 천하에 공통되는 덕이니, 이것을 행하는 것은 하나이다.[1]

---

1 "天下之達道五, 所以行之者三曰: 君臣也, 父子也, 夫婦也, 昆弟也, 朋友之交也. 五者, 天下之達道也. 智仁勇三者, 天下之達德也, 所以行之者, 一也"(『中庸』 제20장).

유가의 세계관과 인간관은 바로 이러한 인간관계의 도리에 토대를 두고 있다. 그리스도교가 '태초에 하느님께서 천지를 창조하시니라'라는 믿음에서 시작하고, 불교가 '모든 것은 우리 마음이 만들어 낸다'라는 깨우침에서 시작한다면, 유가는 '천하에 공통되는 도가 다섯이다'라는 인간관계의 도리에서 시작한다고 말할 수 있다.

　　이러한 유가의 인간관은 도道에 관한 공자의 가르침을 통해서도 엿볼 수 있다. 『논어』「이인里仁」편에서 공자는 "아침에 도를 들으면 저녁에 죽어도 좋다朝聞道 夕死可矣"라고 말한다. 이 구절은 도란 무엇인지를 직접적으로 말해 주지는 않지만, 유교적 도의 의미를 어느 정도 암시하고 있다. 즉 도란 그것을 깨달으면 죽어도 좋을 정도의 진리라는 것이다. 그것을 위해서 우리가 순교를 할 수도 있는 진리라면 그것은 객관적인 과학적 지식 차원의 진리라기보다는 실존적인 의미에서 우리가 섬길 수 있는 어떤 정신적 진리를 의미할 것이다. 또 『논어』「양화陽貨」편에서 공자는 "군자가 도를 배우면 사람을 사랑하지만, 소인이 도를 배우면 사람을 쉽게 부리려고 한다君子學道則愛人 小人學道則易使也"라고 말한 바 있다. 이 구절 또한 유가적 도의 본질이 어떤 의미를 가지는지 암시하고 있다. 즉 군자가 도를 배우든 소인이 도를 배우든 어쨌든 도는 어떤 인간 공동체의 존재를 상정하고 있음을 보여 준다. 사람을 사랑하든 사람을 부리려고 하든 다 공동체의 존재를 미리 전제하지 않고서는 이해될 수 없는 것이기 때문이다. 그렇다면 도는 곧 공동체의 존재를 진실로 가능하게 하는 어떤 정신으로 해석될 수 있다. 그리고 바로 그 정신이야말로 인간을 인간으로서 가능하게 하는 선험적이고 종교적인 '천명天命'과 같다.

이는 유가의 핵심 덕목인 인仁의 정신과도 통한다. 공자는 여러 곳에서 "인이라는 것이 곧 사람이다仁者人也"라고 하였고, 『논어』 「안연顔淵」 편에서 "자기를 극복하여 예를 회복하는 것이 인이 된다克己復禮爲仁"라고 하였다. 또한 같은 편에서 "사람을 사랑하는 것愛人"이 곧 인이라고 말했다. 이상의 언급들을 살펴볼 때, 역시 '인'이라는 것은 참된 인간 공동체를 가능하게 하는 도道로서, 『중용』 제1장에 나오는 '천명'에 바탕을 둔 섭리와 다르지 않다는 것을 알 수 있다. 즉 인간은 그가 '어질仁' 때에만 인간이 되고, 또 그가 '본성을 따를率性' 때에만, 즉 공동체의 도리를 준수하는 한에서만 인간이 될 수 있다는 것이다. 그렇게 보면 '천명天命의 성性'은 인간이 배워야 할 교육이 바로 공동체와 공동 존재의 형성에 이바지할 수 있는 그런 진리를 닦음과 다르지 않다는 것을 알 수 있다.[2]

결론적으로 유가가 말하는 진리는 공동 존재의 진리이다. 이는 유가가 도덕적인 덕목으로 제시하는 인의예지仁義禮智와 효제충신孝悌忠信 등이 모두 한결같이 공동 존재의 형성에 이바지할 수 있는 가치들이라는 점에서도 드러난다. 그러므로 선善이 있다면 그것은 공동체의 화합에 기여하는 그런 것일 터이고, 만일 악惡이 존재한다면 그것은 공동체를 붕괴시키고 와해시키는 성질을 의미할 것이다.[3]

---

2 "하늘이 명하는 것을 일컬어 '성'이라 하고, 이 성을 따르는 것을 일컬어 '도'라 하며, 이 도를 닦는 것을 일컬어 '교'라 한다(天命之謂性, 率性之謂道, 修道之謂敎)"(『中庸』 제1장).

3 김형효, "현대문명 속에서의 유교의 존재론적 의미와 윤리적 가치", 『21세기의 도전, 동양윤리의 응답』, 아산사회복지사업재단, 1998, 121~124쪽 참조.

2. 우주론

　　유가 사상에서 '우주론宇宙論'이 정립된 것은 송대 신유학에 이르러서라고 할 수 있다. 물론 그 기원은 우주 발생의 근원적 원리를 '태극太極'이라고 부른 선진先秦 유학의 『주역周易』으로 거슬러 올라갈 수 있겠지만, 본격적인 우주론은 송대의 주희朱熹와 주돈이周敦頤에 의해 전개되었다. 이는 당시 북방민족이 추종하던 불교의 세력에 위협을 느낀 한족의 왕조가 불교의 거대한 형이상학과 우주론에 대응할 만한 유학 자체의 우주론을 정립할 필요를 느꼈기 때문이다. 기본적으로 공동체의 규범과 인간의 도덕성을 중시하는 유학에서 인성론人性論과 수양론修養論이 중심이 되리라는 것은 충분히 짐작할 수 있는 일이다. 다만 그것을 더욱 체계적으로 전개하고자 할 때 그 형이상학적 배경으로서 우주론이 요청되었던 것이다. 말하자면 유가, 즉 신유학의 우주론은 당대 불교에 필적하는 모양새를 갖추기 위해 뒤늦게 등장한 것이라는 뜻이다. 따라서 여기서는 주로 신유학의 인성론에 주목하되, 우주론은 다만 그 배경으로서 간단히 언급하고자 한다.

　　주자 성리학性理學의 세계관과 인간관을 파악하려면 먼저 태극으로서의 이理의 본질과 이기론理氣論에 대한 이해가 필요하다. 성리학이라는 말 자체가 인간의 본성[性]과 우주의 이치[理]에 대한 학문이란 뜻이고, 성리학에서는 '이'와 '기' 두 개념을 중심으로 만물을 해석하고 있기 때문이다. 성리학에서는 인간의 본성이 우주의 이치와 다르지 않고, 세상 만물은 이와 기로 구성되어 있다고 본다.

성리학의 우주론의 근거는 태극이다. 태극은 세상 만물의 변화의 원리이자 이치이니, 한마디로 '이'라 할 수 있다.[4] 다만 우주의 생성 변화의 원리이며 이치로서 태극은 그 자체가 실질적으로 변화해 가는 것은 아니다. 그렇다면 추상적 이치인 태극과 구체적 운동 변화의 관계는 무엇인가? 주자에 따르면 태극인 이가 음양陰陽이라는 두 가지 기를 낳는다. 우주의 실제적 생성과 변화는 이의 이치에 따라 움직이는 기의 차원에서 발생하는 것이다. 그러므로 모든 것은 기의 운동을 통해 설명될 수밖에 없다.

천지가 처음 시작될 때에는 오직 음양의 기밖에 없었으며,[5] 이 음양의 기로부터 천지가 형성되면서 처음 물질적 요소로 정형화되는 것이 바로 오행五行(水, 火, 木, 金, 土)이다. 오행은 음양의 기에서 한층 구체적으로 물화된 것이다. 음양으로부터 형성된 오행은 모든 자연 현상과 인간의 신체·정신의 근본 원리까지 포함하고 있다. 이처럼 생명 및 정신 현상까지 포함한 모든 존재를 기의 산물로 간주하는 것이 유가의 기본 관점이다.[6]

주자에 따르면, 음양과 오행의 자연력으로부터 개체적 생명체가 발생한다. 인간의 생명 역시 정精과 기氣의 화합으로 자연 발생한다.[7] 신체뿐만 아니라 정신도 마찬가지이다. 그의 정신이나 마음도 신체를 이루는 정기와 별개의 근원을 가지는 것이 아니다. 이처럼 인간을 철저하게 기의 산물로 이해한다면, 인간과 다른 생명체의 차이는 무엇인가? 그것은 단

---

4 "태극은 단지 이(理)일 뿐이다(太極只是理字)"(『朱子語類』, 제1권, 4조목).

5 "天地初間只是陰陽之氣"(『朱子語類』, 제1권, 23조목).

6 한자경, 『동서양의 인간 이해』, 서광사, 2001, 89~95쪽 참조.

7 "精氣凝則爲人"(『朱子語類』, 제3권, 19조목).

지 어떤 기로 형성되는가의 차이일 뿐이다.

> 하나의 기로써 말하자면, 사람과 사물은 모두 기를 받아 생겨난다. 정밀함과 조잡함으로써 말하자면, 사람은 올바르고 통하는 기를 얻고 사물은 치우치고 막힌 기를 얻는다. 오직 사람만이 올바른 기를 얻으므로 이가 통해 막히지 않고, 사물은 치우친 기를 얻으므로 이가 막혀 지혜가 없다.[8]

　기가 바른지 혹은 치우치는지에 따라 인간과 동식물이 구분된다면, 같은 인간이라고 해도 기의 차이에 따라 "어둡거나 밝고, 맑거나 흐린[昏明淸濁]"[9] 차이가 있다. 청명한 기를 타고난 자는 기가 이를 가리지 않아서 이가 밝게 드러나 지혜로운 반면, 어둡고 혼탁한 기를 타고난 자는 이가 많이 가려져서 이를 깨닫지 못하여 어리석다. 인간은 누구나 바르고 통하는 기를 가지고 있으므로 노력 여하에 따라서 우주의 이치를 깨달아 알 수 있다. 이러한 앎이란 자신을 이루고 있는 기를 아는 동시에 그 기의 근원이 되는 이 또는 태극을 앎을 의미한다. 즉 우주 전체의 이치를 아는 것이다.[10]

8　"自一氣而言之, 則人物皆受是氣而生. 自精粗而言, 則人得其氣之正且通者, 物得其氣之偏且塞者. 惟人得其正, 故是理通而無所塞. 物得其偏, 故是理塞而無所知"(『朱子語類』, 제4권, 41조목).

9　『朱子語類』, 제4권, 41조목.

10　한자경, 『동서양의 인간 이해』, 96~100쪽 참조.

3. 인성론

앞에서 살펴본 바와 같이, 유가에서 모든 존재는 우주의 원리인 이, 즉 태극으로부터 발생하는 음과 양, 두 기의 화합으로 생성된다. 인간 역시 음양의 화합 결과이다. 단지 인간만이 바르고 통하는 기를 얻어 태극의 이를 알 수 있다. 그런데 주자에게서 사람과 사물의 이기理氣가 같은가 다른가의 문제는 구체적으로 양자의 성품이 같은가 다른가의 문제이다. 여기서 이는 '성리性理'를 말한다. 이것은 『중용』 제1장에 나오는 '천명지위성天命之謂性'의 성이다. 그리고 주자는 사람과 사물의 성에 차별이 있음을 분명히 한다.

성性이란 사람이 하늘에서 얻은 리理이고, 생生이란 사람이 하늘에서 얻은 기氣이니, '성'은 형이상이요, '기'는 형이하이다. 사람과 사물이 생길 때 이 '성'을 가지고 있지 않은 자가 없으며, 이 '기'를 가지고 있지 않은 자가 없다. 그러나 '기'로써 말하자면, 지각과 운동은 사람과 사물이 다르지 않지만, '이'로써 말하자면, 인의예지의 본성을 받음이 어찌 사물이 얻어 온전히 할 수 있는 것이겠는가? 이것은 사람의 '성'이 선하지 않음이 없어서 만물의 영장이 되는 이유이다.[11]

---

11 "性者, 人之所得於天地理也. 生者, 人之所得於天地氣也. 性, 形而上者也, 氣, 形而下者也. 人物之生, 莫不有是性, 亦莫不有是氣. 然以氣言之, 則知覺運動, 人與物若不異也. 以理言之, 則仁義禮智之稟, 豈物之所得而全哉? 此, 人之性, 所以無不善而爲萬物之靈也"(『孟子集註』, 「告子章句上」, 3조목).

지각이나 운동, 이익을 추구하고 해를 피하는 것 등은 '기'에 의해 결정되는 것으로 사람이나 금수의 경우가 다르지 않지만, 성리의 관점에서는 사람은 온전한 '성'인 인의예지를 받은 반면 사물은 그렇지 않기 때문에 양자가 다를 수밖에 없다는 것이다. 즉 사람과 사물의 성리는 그 품격이 다른 것이다.[12]

이를 요약해 표현한 것이 바로 '본연지성本然之性' 혹은 '천지지성天地之性'과 '기질지성氣質之性'의 구분이다. 전자는 '인간의 마음 안에 간직된 본래적 성' 혹은 '하늘로부터 부여받은 성'이라는 의미로서, 맹자가 강조한 성선性善의 성인 도덕성을 가리키고, 후자는 '기에 의해 형성된 인간 신체로부터 발생하는 성'이라는 의미로서, 고자가 강조한 무선무불선無善無不善의 식욕과 성욕 같은 욕망食色之欲을 가리킨다. 이제 인간의 사명은 그의 선한 본성인 성리를 온전하게 드러내는 것과 함께 온전하게 부여받은 것을 보존하여 기질의 영향을 받지 않도록 하는 것이 된다. 달리 말하면, 기질에서 비롯하는 사적 욕망으로부터 벗어나 인간의 보편적 도덕성인 본연지성 혹은 천지지성을 따르는 것, 즉 '인욕을 극복함으로써 천리를 보존하는 것存天理 去人慾'이 된다.[13]

---

12 장승희, "주자 성리학에서의 인격 이해", 진교훈 외, 『인격』, 서울대학교출판부, 2007, 48~49쪽 참조.

13 한자경, 『동서양의 인간 이해』, 162~164쪽 참조.

4. 수양론

유가의 수양론修養論은 『서경書經』에 나오는 다음 구절에서 그 단초를 찾을 수 있다.

인간의 욕망이나 감정[人心]은 항상 지나치기 쉬워 위태롭고, 타고난 본성이나 이성[道心]은 미미하여 잘 보이지 않으니, 우리는 사욕을 버리고 마음을 전일專一하게 가짐으로써 그 중심을 굳게 붙잡아야 한다.[14]

인간은 동물과 마찬가지로 식욕과 성욕 같은 강력한 본능적 욕구를 지니고 있어 도덕적 마음을 보존하기가 힘들다. 이처럼 도심의 미미함 때문에 인심이 위태로워진다면 그 대비책은 도심을 확고하게 세우는 것일 터이다. 그리고 도심을 확립하는 방법으로서 제시되는 것이 곧 수양론 혹은 공부론工夫論이다. 공부론은 크게 거경居敬과 궁리窮理 혹은 격물치지格物致知로 나누어 살펴볼 수 있다.

마음[心]이 아직 움직이지 않은 미발未發 상태의 수양법이 경敬이라면, 이미 움직인[已發] 상태의 수양법이 격물치지이다. 주자는 마음이 성性과 정情을 주재하는 것으로 파악하는데, 다음 글은 이 마음과 성과 정의 관계를 잘 보여 준다.

---

14 "人心惟危, 道心惟微, 惟精惟一, 允執厥中"(『書經』, 「大禹模」).

사물에 감응하는 것이 심이고, 그 움직이는 것이 정이다. 정은 성에 뿌리를 두고 있되 심의 주재를 받는다.[15]

성은 본체이고 정은 작용이다. 성과 정은 모두 심에서 나온다. 그러므로 심은 그것들을 통솔할 수 있다.[16]

인의예지는 성이고 측은·수오·사양·시비는 정이다. 인으로 사랑하고 의로 미워하고 예로 사양하고 지로 아는 것은 심이다. 성이란 심의 이理이고, 정이란 심의 작용이며, 심이란 성과 정의 주재자이다.[17]

미발이란 사려가 아직 생기지 않고 사물이 아직 이르지 않은 때이므로 희로애락이 발현되지 않은 상태이다. 이때는 마음이 고요하고 움직이지 않는 상태이며, 천명지성의 본래 모습이 갖추어져 있는 상태이다. 이러한 상태에서 지나침이나 모자람이 없고 편벽되거나 기울어지지 않는 상태를 유지하기 위한 수양법이 바로 경이다. 경이란 마음을 보존[存心]하고 정신을 집중[主一無適]함으로써 스스로를 단속하는 것이다. 이러한 주경主敬의 상태는 장자의 좌망坐忘이나 심재心齋와도 유사한 경지라고 할 수 있다.

---

15 "感於物者心也, 其動者情也. 情根乎性而宰乎心"(『朱子大全』, 제32권, 「答張敬夫」).

16 "性是體, 情是用. 性情皆出于心, 故心能統之"(『朱子語類』, 제98권, 2513쪽).

17 "仁義禮智, 性也, 惻隱羞惡辭讓是非, 情也. 以仁愛, 以義惡, 以禮讓, 以智知者, 心也. 性者心之理也, 情者心之用也, 心者性情之主也"(『朱子大全』, 제67권, 「元亨利貞說」).

마음이 이미 움직여[已發] 대상에 대한 인식으로 나아갈 때의 수양법이 격물格物, 곧 궁리窮理이다. 사물의 실체를 파악하기 위해서는 사물에 나아가서 이해해야 한다. 이것은 단지 사물에 접하기만 하는 것이 아니라 그 속에 갖추어진 이치를 궁구하는 것이다.

'격格'이란 이른다[至]는 것이고, '물物'이란 일[事]과 같다. 사물의 이치를 끝까지 궁구하여 그 지극한 곳에 이르지 않음이 없도록 하려는 것이다.

'치致'란 끝까지 밀고 나간다는 것이고, '지知'란 깨달음과 같다. 나의 지식을 끝까지 밀고 나감으로써 그 앎을 다하지 않음이 없도록 하려는 것이다.[18]

격물의 최종 목표는 사물의 그러한 까닭[所以然]과 마땅함[所當然]을 이해하는 것이다. 소이연과 소당연은 모두 리理를 의미하는데, 소이연은 사물의 보편적 본질과 법칙, 소당연은 사회의 윤리적 원리와 규범을 의미한다. 우주 전체는 하나의 이치로 일관되어 있으므로 그것을 제대로 알아[格物] 궁극의 깨달음에 이르면[致知] 어느 순간 하나의 이치[理]에 도달하여 활연관통豁然貫通하는 경지에 이른다고 본다.[19]

---

18 "格, 至也, 物, 猶事也, 窮至事物之理, 欲其極處無不到也. 致, 推極也, 知, 猶識也, 推極吾之知識, 欲其所知無不盡也"(『大學章句』, 경1장,「朱子注」).
19 장승희, "주자 성리학에서의 인격 이해",『인격』, 51~55쪽 참조.

5. 생사관

인간의 삶과 죽음에 관한 유가의 입장은 매우 상식적이고 현실적이다. 따라서 그리스 사상의 영혼 불멸에도, 그리스도교의 부활에도, 불교의 윤회나 해탈 등에도 관심이 없다. 지금 이 생에 주어진 현실 삶에 충실하고 사회로부터 우리에게 주어진 도리를 다하는 것으로 족하다. 사후의 문제는 우리가 알 수 없을 뿐만 아니라 걱정해 봐야 별다른 대안도 없기 때문에 유의미한 담론의 대상조차 될 수 없다. 이는 공자가 "삶도 미처 모르는데 어찌 죽음을 알겠는가?"[20]라고 말한 것이나, "귀신의 일에 대해서는 말하지 않은"[21] 데에서도 드러난다.

기가 모이면 태어나고, 기가 흩어지면 죽는다. … 기가 소진되면 혼魂은 하늘로 올라가고 백魄은 땅으로 돌아가서 죽음에 이른다. … 이것이 삶이 있으면 반드시 죽음이 있고, 시작이 있으면 반드시 끝이 있는 까닭이다.[22]

주자에 의하면, 모든 생명체의 생사는 기의 모임[聚]과 흩어짐[散]의 산물이며, 인간 역시 마찬가지이다. 인간의 몸뿐만 아니라 정신도 기의

---

20 "未知生焉知死"(『論語』,「先進」).

21 "子不語怪力亂神"(『論語』,「述而」).

22 "氣聚則生, 氣散卽死. … 盡則魂氣歸於天, 形魄歸于地而死矣. … 此所以有生必有死, 有始必有終"(『朱子語類』, 제3권, 17~19조목).

취합의 결과이다. 인간의 신체적 형상으로 화하는 기를 백기魄氣라 하고, 정신적 활동으로 화하는 기를 혼기魂氣라 한다. 인간을 몸과 마음의 결합이라고 한다면, 그는 백기와 혼기의 결합이 된다. 기가 쇠하여 죽게 되면 백기는 땅으로 돌아가고, 혼기는 하늘로 올라가 흩어진다. 혼백이 흩어지면 정신은 사멸하는 것이다. 기의 모임과 흩어짐으로 생명 현상과 정신 현상을 이해하는 유가의 입장에서 이는 당연한 귀결이다.

혹자는 죽은 조상을 제사 지내는 유교 의례를 들어 사후 영혼의 존재를 인정하는 것이 아니냐고 의문을 제기하기도 한다. 하지만 이는 사자死者의 기가 서서히 흩어지는 것으로 이해하여 4대 조상까지만 섬기는 잠정적 의례일 뿐, 조상의 영혼이 불멸함을 믿는 것은 아니다. 말하자면 제사는 현실 공동체의 단합과 위계질서를 유지하기 위한 형식의 의미가 큰 것이다. 사람이 죽어 기가 흩어지는 데에 빠르고 느린 차이가 있을 뿐, 어떤 혼백이든 결국은 산산이 흩어져 그의 신체도 정신도 모두 사라지게 되는 것이다. 몸과 정신이 멸하는 죽음은 자연의 기가 모였다가 흩어지는 활동의 일환이요, 자연의 기로부터 생성되었다가 다시 자연의 기로 되돌아가는 하나의 과정일 뿐이다. 이렇게 볼 때, 유가의 생사관은 근대의 유물론적 관점과 매우 유사한 측면을 지닌다고 할 수 있다.[23]

---

23   한자경, 『동서양의 인간 이해』, 223~230쪽 참조.

6. 유가 인간관의 메시지

앞에서 유교의 제사는 사후 영혼의 존재를 믿는다는 측면보다는 살아 있는 자들을 위한 의례의 측면이 크다는 점을 살펴보았다. 분명히 유가는 상식과 현실주의에 입각한 사상이다. 따라서 제사 역시 현실 사회의 위계질서인 삼강오륜을 구현하고 그것이 내포하고 있는 당위를 보존하는 제도로서 그 의의를 지닌다고 볼 수 있다. 그리고 그 밑바탕에는 철저한 가족중심주의가 놓여 있다. 가족이야말로 '간주관성'과 '도덕'의 가장 원초적인 장場이라 여겨지기 때문이다.

가족중심주의는 흔히 서구 근대 사상의 관점에서 개인의 자유를 억압하는 전근대적 문화로 지탄받기도 한다. 하지만 해체로 치닫고 있는 현대 사회의 위기 국면을 감안할 때, 유가의 전통적 가족중심주의가 지니고 있는 새로운 의미에도 눈 돌릴 필요가 있다. 다음 글은 유가 인간관의 이러한 의의를 역설하고 있다.

맹자는 마음이 착하다는 표현의 싹으로 '차마 못 하는 마음[不忍人之心]'을 들었다. 확실히 가정 속에서는 그러한 순수한 동정심, 아니 그보다도 더 숭고한 희생정신이 있는 것 같다. 자식의 아픔을 보고 차라리 내가 아픈 게 낫지 불쌍해 못 견디겠다는 어머니의 심정, 동생을 위해 모든 것을 양보하고 동생의 괴로움을 보기보다는 자기가 그 괴로움을 대신 겪는 형의 우애, 남의 아픔을 자기 아픔보다 더 마음 아프게 여기는 마음이 가정 안에는 예사로 있는 것이다. 또 이러한 '차마 못 하는 마음'은 마음속에서 자연적으로 우러나오는 것으로서, 그 것은 또 어떤 가까운 혈연에게만 미치는 것이 아니라 널리 미루어 온 누리에 확장되는 묘한 힘을 갖는다.

그러므로 이 생명체들이 최초로 인간관계를 형성하고, 인간이 원래 지닌 선한 본성을 그대로 발휘하여 하나의 공동운명체로서 모든 이 해관계를 넘어서서 평화로운 삶을 영위하는 가정 윤리를 잘 확립한 다면, 그것은 다음 사회, 더 나아가 온 누리에까지 파급되는 힘을 가 지게 되므로 인간의 모든 문제를 미리 예방하고 또 쉽게 풀어나갈 수 있는 것이다. 요컨대 가정 윤리의 성패는 바로 인류 사회 전반에 걸 친 성패와 직결된다고 하겠다.[24]

근대 사상의 가장 큰 문제와 모순은 바로 '인간관계'의 해체에서 파생하는 것이다. 만일 우리가 추구하는 이상사회가 더욱 '인간적인' 사 회라면 유가의 가족중심주의와 공동체문화는 무조건 타파의 대상이 되 어서는 안 된다. 오히려 인간관계를 유지하기 위한 필수불가결한 요소들 을 인식하고 인정하는 바탕 위에서 새로운 사회질서를 모색해야 할 것이 다. 이런 의미에서 '인간관계'를 핵심으로 하는 유가 사상은 재평가될 필 요가 있다.[25]

---

24 김충열, 『유가윤리강의』, 예문서원, 1998, 82쪽.
25 함재봉, "근대사상의 해체와 통일한국의 정치이상", 김용옥 엮음, 『삼국통일과 한국통일 (하)』, 통나무, 1994, 473쪽 참조.

1. 다음 글을 읽고 유가의 생사관과 제사 의식의 의의에 관해 토론해 보자.

유교는 나름대로 생사관에 대해 정교한 교설을 갖고 있지만 유교에서 말하는 생사관은 한마디로 말해 내세를 인정하지 않는 것이라 할 수 있다. 형이상학적인 관점에서 아주 단순하게 유교사를 일별해보면, 비교적 느슨한(?) 초기 유학은 송 대에 이르러 성리학이라는 상당히 복잡한 철학 체계로 발전하게 된다. 그러나 후대의 교리적 발전이 어떤 양상을 보였든지 간에 인간의 죽음이라는 주제와 관련해서 볼 때 유가에서 제시하는 이론은 그들의 대스승인 공자가 말한 범위에서 결코 벗어나지 않는다. 이를테면 공자의 가르침이 일종의 원형이 되는 것이다. 그런데 정작 공자는 인간의 죽음에 관해서 그다지 많은 이야기를 남기지 않았다. … [더 나아가] 공자는 인간의 영혼을 인정하지 않는 듯한 발언을 한 것으로 유명하다. 그는 제자들에게 제사를 지낼 때 진짜 귀신, 즉 조상들의 영혼이 존재해서 제사를 드리는 것이 아니라 그저 귀신이 있는 것처럼 (생각하고) 제사를 드리라고 충고했다.[26] 이와 같이 교조인 공자가 영혼을 부정하는 발언을 하고 죽음 뒤의 삶에 대해 언급을 피했기 때문에 후대의 유학자들에게는 이것이 하나의 고칠 수 없는 지침이 되어버린다. 그 결과 내세와 영혼을 부정하는 가르침은 유

---

26 "祭如在 祭神如神在"(『論語』, 「八佾」).

교의 대표 교리로 굳건한 자리매김을 한다.[27]

  그러면 유학도들은 이렇게 허무적인 인생관을 갖고 아무 문제 없이 잘 살았을까? 종교학적인 관점에서 보면 인간들은 거의 예외 없이 영생과 불멸을 꿈꾼다. 이 점에서 유학도들도 예외가 될 수 없다. 그런데 이들은 영혼이 불멸한다고 믿는 직접적인 영생법보다는 간접적인 영생법을 택했다. 즉 비록 개체적인 자신의 영혼은 소멸되어 없어지지만 자신의 분신인 아들을 통해 간접적으로 영생하는 것을 꿈꾸었던 것이다. 그리고 그들은 유학의 유일한 종교의례라 할 수 있는 제사를 통해 자신들의 아들의 뇌리 속에 기억됨으로써 자신은 죽지 않고 살아 있다는 것을 확인하고 싶어 했다.[28]

27 최준식, "한국인의 죽음관", 엘리자베스 퀴블러 로스(최준식 역), 『사후생: 죽음 이후의 삶의 이야기』, 대화문화아카데미, 2012, 173~176쪽.
28 같은 책, 180쪽.

2. 다음 글은 서구의 근대적 인간관이 일반화된 오늘날의 사회에서 유가 인간관에 대한 재인식 및 그에 입각한 도덕교육을 역설하고 있다. 이 논지의 타당성에 관해 토론해 보자.

유교의 인간관은 자의식에 근거하여 자아의 주체성과 자아의 해방을 자유로운 존재의 상징으로 여기는 '나는 생각한다, 고로 나는 존재한다'와 같은 명제에 근거하고 있지 않다. 유교의 형이상학은 '내가 생각한다'의 형이상학과는 반대로 '우리가 존재한다'의 형이상학이다. 그러므로 근대적인 의미에서의 개인의 해방으로서의 자유의 개념은 유교 사상과는 거리가 멀다. 자연히 유교는 개인적인 자유와 권리의 신장 같은 근대적인 의미의 정치적 자유의 개념에는 둔감할 수밖에 없다. 유교는 인간으로 하여금 공동체에 헌신하고 공동체를 섬기는 도리로서의 진리의 정신을 교육시키는 것을 지고의 가치로 여기는 도덕철학을 견지하고 있기 때문에, 참다운 공동체를 형성하는 데 이바지하는 것만이 자유로서 긍정된다. 그러므로 유교적인 사상체계에서 가장 자유로운 인간은 가장 형제애적인 정신을 가지고 인의예지仁義禮智 및 효제충신孝悌忠信의 덕목을 성실하게 실천하는 인간이다.

오늘날 현대 사회에는 물질적이고 기능적인 가치가 득세하고 있는 반면, 정신적이고 존재론적인 가치에 대해서는 회의적인 분위기가 팽배해 있다. 현대문명은 우리 삶에 능률과 편리함을 가져다준 기술적 가치를 지나치게 숭상한 나머지 효율성과 생산성에 직결되지 않는 인간의 다른 가치를 배제하거나 무시하는 경향으로 흘러가고 있다. 그러나 기능적 가치는 단지 생활의 외적인 편리함을 위한 도구적 가치일 뿐, 그것이 존재론적 가치를 대신할 수는 없다. 따라서 기능적 가치가 존재론적 가치에 의해 보완되지 못하고 균형을 상실할 경우, 그 사회는 결국 인간의 존엄성이 유린되는 정글과 같은 사회가 되고 말 것이다. 서로 강자가 되기 위한 술수와 모함과 음모와 경쟁, 그리고 그 기술만이 교육의 목표가 되고, 이러한 경쟁에서 승리하는 자만이 대접을 받는 '이성적인 동물'의 집단이 되고 말 것이다. 형이상학적 가치와 거기에 근거한 도덕적인 덕목들이 힘을 잃거나 사라져버린 사회는 가장 잔인하고 가장 영리하고 가장 교활한 얌체들과 뻔뻔스러운 자들만을 길러내는 곳이 될 수밖에 없을 것이다. 우리가 오늘날 유교의 형이상학과 존재론에 다시금 주목해야 하는 까닭은, 익명적인 추상적인 인간관계 속에서 오로지 이익의 법칙과 기능적인 가치만이 지배적이 되어가는 우리 사회의 추세에 맞서 해체를 통합으로, 냉소를 사랑으로 바꾸어내는 교육적 노력이 절실하기 때문이다.[29]

29 김형효, "현대문명 속에서의 유교의 존재론적 의미와 윤리적 가치", 『21세기의 도전, 동양윤리의 응답』 참조.

제2부

Käthe Kollwitz, Revolution 1918, 1928

칸트의 인간관

자연의 최종 목적으로서의 도덕적 인간

오늘날 서양 철학 전반에서 칸트[I. Kant(1724~1804)]의 사상이 차지하는 비중에 관해서는 구구한 설명이 필요 없을 것이다. 또한 현대 철학적 인간학의 발전 과정에서 칸트가 끼친 영향력에 대해서는 이미 이 책의 서론(제1부 1장 4절 '철학적 인간학의 역사')에서 살펴본 바 있다.

일반적으로 칸트의 사상은 소크라테스, 플라톤 등의 고대 그리스 사상에서 비롯한 이성중심주의의 흐름을 잇고 있다고 평가되지만, 주목해야 할 차이점도 있다. 고대 그리스 사상이나 중세 그리스도교 사상이 데미우르고스, 야훼 하느님이라든지 만물의 기본 요소 같은 주관 바깥의 객관적 실재를 상정하는 데 반해, 칸트의 사상은 마치 불교처럼 모든 데상 세계를 주관이 지어낸 관념의 세계로 간주한다는 점이 그것이다. 이는 칸트의 세계관과 인간관을 이해하는 데 핵심이 되는 관점이므로 이제부터 좀 더 자세히 살펴보기로 하자.

1. 자연 세계의 입법자로서의 인간

'자연 세계의 입법자'라는 표현에 의문을 제기하는 사람이 있을 수 있다. "자연법칙이란 인간이 임의로 세우는 것이 아니라 본래 자연에 내재해 있는 것이 아닌가?" 물론 '입법'이라는 표현은 약간 과장이고 일종의 비유로 받아들여야 한다고 주장할 수도 있지만, 중요한 점은 여기서 칸트의 혁명적 발상을 포착해야 한다는 것이다. 한마디로 칸트에게 자연법칙은 사실상 인간의 법칙, 즉 '인간의 방식으로 이해된 자연'의 법칙을 의미한다.

소박한 경험적 실재론에 의하면, 우리 외부의 대상은 우리가 그것을 인지하건 인지하지 못하건 항상 거기에 있다. 물론 우리가 눈을 감으면 그 대상은 보이지 않게 되지만, 우리는 그것이 사라졌다고 생각지 않는다. 대상은 항상 거기에 실재하되, 다만 우리가 그것을 보거나 보지 않을 뿐이다. 단지 주관적 조건으로 인하여 드러난 현상[특수]을 객관적인 것[보편]으로 인식한다면 그것은 무지와 어리석음의 소치일 뿐이다. 어릴 때 우리는 자기 엄마가 세상에서 제일 예쁜 줄 알지만 커서는 반드시 그런 건 아님을 알게 되듯이, 또 처음엔 자기 집 김치가 제일 맛있는 줄 알지만 나중에 그건 단지 어릴 적의 익숙한 입맛에 길들여졌던 것임을 알게 되듯이, 우리는 특수를 보편으로 인식했던 어리석음을 깨닫고 이제까지 보편으로 오인했던 것이 실은 특수에 불과했음을 깨닫는다.

그렇다면 경험상 우리 외부에 실재하는 것으로 파악된 대상은 우리의 주관적 조건과 무관하게 참으로 실재하는 것인가? 칸트의 대답은 "아니다!"이다. 인간의 경험을 가능하게 하는 시간과 공간이라는 조건 자체가 인간에게 특화된 것이기 때문이다. 말하자면 그것은 인간에게만 그렇게 경험되는 '현상'인 것이다. 예를 들어 보자. 개에게 외부의 대상 세계란 아마도 후각과 청각의 비중이 아주 큰 세계일 것이다. 개의 중요 생존 조건에 속하는 적과 먹이의 파악이 대부분 이런 감각에 의존하기 때문이다. 반면에 주로 시각과 인과관계 추론에 의존하는 인간은 공간과 시간이라는 조건을 통해 대상 세계를 파악한다. 모든 생명체는 각각 자기의 생존조건에 맞게 최적화된 기능을 갖추고 있으며, 오직 그러한 조건을 통해서만 이 세상과 만나는 것이다. 따라서 우리 인간의 인식은 아무런 전제 없는 순수한 경험이 아니며, 우리에 의해 경험된 실재 역시 사물 그 자체가 아니라 우리의 인식 틀에 의해 규정되고 해석된 현상에 지나지 않는 것이다.

그렇다면 우리는 우리의 인식조건과 무관한, 있는 그대로의 대상과는 만날 수 없는 것인가? 인식론상의 불가지론不可知論이나 회의주의에 빠질 수밖에 없는 것인가? 이러한 문제 제기에 대한 칸트의 대응은 우리의 인식에 있어 주관의 존재와 관계없이 그 자체로 실재한다고 상정되는 객관(물자체)의 세계를 무시하는 것이다. 다시 말해서 인간에게는 인간의 방식으로 이해할 수 있는 세계(현상계)만이 존재한다고 선언하는 것이다. 칸트의 인식론의 구도를 요약하면 다음과 같다.

인식이 이루어지기 위해서는 감각기관을 통해 외부 사물에 대한 정보들이 일단 수용되어야 한다. 그러나 이렇게 수용된 감각 재료들은 단지 '잡다'한 것에 불과하기 때문에, 이것이 정리 정돈되고 주어(인식 주관)와 결합되어야 인식이 성립할 수 있다. 이 과정에서 일정한 틀, 즉 형식이 관여하는데, 여기에는 크게 두 종류가 있다. 하나는 감성의 형식인 공간·시간 표상이고, 다른 하나는 지성의 형식인 순수 지성의 개념들, 즉 범주이다. 이제 주관적 감성형식인 공간·시간 질서에 따라 감각 재료들이 정돈되고, 이것들이 역시 주관적 형식인 지성의 범주에 따라 종합됨으로써 하나의 대상이 비로소 우리에게 인식된다. 그러므로 이러한 아프리오리 a priori한 형식들은 우리에게 인식을 가능하게 하는 근거이자, 대상 세계가 존재할 수 있게 하는 원리이기도 하다. 이러한 의식의 기능을 칸트는 선험적transzendental이라 부르며, 이로써 그의 철학은 '선험철학'이라는 이름을 얻게 된다.

칸트의 이러한 생각은 사고방식의 대변혁을 함축하고 있다. 왜냐하면 과거에는 사물의 존재가 우리의 의식과는 무관한 것으로 여겨졌으나 이제는 존재자 일반이 우리의 의식에 의해 구성된다는 것을 의미하기 때문이다. 이리하여 인간 이성은 어떤 의미에서 현상 세계의 창조자라 할 수 있게 되었으니, 이것이 이른바 인식론상의 '코페르니쿠스적 전환'이다.[1] 이제 우리는 사물 그 자체로서의 세계가 아니라 우리에게 보이는 대로의 세계를 인식할 뿐이다. 따라서 '자연'이라는 말은 우리의 방식으로 이해된 세계(현상 세계)를 말하며, 자연법칙이라는 것 또한 물자체의 세계가 아닌 현상 세계의 법칙을 의미한다. 이런 맥락에서 칸트는 "지성은 그의 선험적 법칙들을 자연에서 길어 오는 것이 아니라 자연에게 이 법칙들을 지정한다"[2]라고 말했던 것이다. 이는 곧 인간이 자연 세계의 입법자임을 시사한다.

2. 도덕 세계의 입법자로서의 인간

인간의 이성은 그에게 주어진 세계를 있는 그대로 이해하고 인식하는 기능을 담당하기도 하지만, 주어진 세계를 바꾸어 나가거나 새로운 세계를 기획하는 기능을 하기도 한다. 전자를 이론이성이라 한다면, 후자를 실천이성 또는 의지라고 부를 수 있다. 또 전자가 자연법칙을 세움(찾아냄)으로써 일견 복잡해 보이는 자연 현상들을 명료하게 이해할 수 있게 해 준다면, 후자는 도덕법칙을 세움으로써 자연 세계와 도덕 세계에 동시에 속한 인간으로 하여금 그가 나아가야 할 방향을 분명하게 제시해 준다.

---

1 자기에게 익숙한 것을 의심해 보는 것, 예컨대 시간과 공간이 자연에 내재하는 실재가 아니라 인간의 특수한 경험 양식에 불과하다는 착안은 절대 공간과 절대 시간 개념을 전제로 전개된 뉴턴 물리학이 풍미하던 당시로서는 매우 창조적인 발상으로 보인다. 이 점에서 칸트는 시공간 개념이 단지 인간의 조건에 불과함을 처음으로 주장한 라이프니츠(G. W. Leibniz)에게 일정 부분 빚지고 있다.

2 칸트, 『미래에 등장할 모든 형이상학을 위한 서설』, §36.

'법칙'이라는 동일한 표현을 쓰는 데에서 짐작할 수 있듯이 자연법칙과 도덕법칙 사이에는 일정한 유비 관계가 있다. 그러나 이 양자는 그 성질 면에서 서로 다르다. 전자가 자연 세계(현상계), 즉 '있는' 세계의 법칙이라면, 후자는 도덕 세계(본체계), 즉 '있어야 할' 세계의 법칙이다. 또 전자가 이미 쓰여 있는 것을 찾아낸 것이고 그 세계에 속하는 인간 또한 필연적으로 그 법칙의 지배를 받는 것이라면, 후자는 스스로 세운 것이고 인간은 그 법칙에 스스로 복종해야 한다.

자연 세계와 도덕 세계에 동시에 속한 존재로서 인간은 동물과 공유하는 본능적 욕망의 차원과 인간만이 지닌 이성적 차원을 함께 지닌다. 칸트는 이 후자를 다시 둘로 나누어 인간 본성의 세 가지 차원을 이야기한다. 첫째는 생물로서의 인간의 '동물성^{Tierheit}'의 소질인데, 이것은 자연적이며 기계적인 자기애^{自己愛}로서 이성을 필요로 하지 않는 것이다. 둘째는 생물이면서 동시에 이성적인 존재로서의 '인간성^{Menschheit}'의 소질인데, 이것은 자연적이면서도 계산할 줄 아는, 즉 타산적 이성이 개입한 자기애를 가리킨다. 이로써 인간은 자기의 욕구를 실현하기 위해 앞뒤를 따져 보면서 행동하게 된다. 셋째는 이성적이면서 동시에 책임을 질 줄 아는 존재로서의 '인격성^{Persönlichkeit}'의 소질인데, 이것은 '스스로 의지를 규정하는 충분한 동기'로서 '도덕법칙에 대한 존경심'을 가리킨다. 도덕법칙이란 인간이 스스로에게 명령하는 당위의 규칙, 곧 정언명법이므로, 인격성의 소질이란 바로 이것을 받아들이고 자신을 거기에 따르도록 하는 의지의 자유를 의미한다.[3] 여기서 우리는 인간성의 소질은 타산적·도구적 이성을, 인격성의 소질은 도덕적·실천적 이성을 의미한다는 것을 알 수 있다.

인간은 분명히 동물성, 즉 본능적 욕구를 지닌 존재이지만, 동시에 이성도 지니고 있기 때문에 앞에서 언급한 첫 번째 차원에서 두 번째와 세 번째 차원으로 나아갈 수 있다. 칸트는 이러한 이행^{移行}이 가능하다는 것을 매우 흥미로운 예를 통해 역설한다.

누군가가 자기의 성적 쾌락의 경향성에 대해 말하기를, 만일 자기에게 사랑스러운 대상과 즐길 기회가 온다면 자기는 이러한 경향성에 도저히 저항할 수 없을 것이라고 변명한다고 해 보자. 그러나 그가 이런 기회를 만난 집 바로 앞에 그런 향락을 누린 직후에 그를 달아맬 교수대가 설치되어 있다면, 그래도 과연 그가 자기의 경향성을 이겨 내지 못할 것인가. 그가 어떤 대답을 할지는 길게 생각할 필요도 없다.[4]

예화를 통해 칸트는 인간이 단지 첫 번째 차원에 머무는 존재가 아니라 두 번째 차원을 지니고 있음을, 다시 말해서 자기의 본능적 욕구를 이성적 사고 능력으로 통제할 수 있음을 보여 주고자 한다. 그런데 이때의 이성 능력은 타산적 사고 능력을 가리킨다. 즉 성적 욕구라는 경향성과 생존의 욕구라는 경향성이 충돌할 때, 인간은 이성적 분별력을 발휘하여 더 중요한 쪽을 선택할 수 있다는 것이다. 이어서 칸트는 인간이

3 칸트, 『이성의 한계 안에서의 종교』, B 15~20 참조.
4 칸트, 『실천이성비판』, A 54.

두 번째 차원에 머무르지 않고 세 번째 차원으로 나아갈 수 있음을 주장한다.

> 그러나 그에게 그의 군주가 그를 즉시 사형에 처하겠다고 위협하면서 한 정직한 사람에 대하여 —이 사람은 그 군주가 그럴듯한 거짓 구실을 대어 파멸시키고 싶어 하는 사람인데— 위증할 것을 부당하게 요구한다고 할 때, 비록 생명에 대한 그의 사랑이 아무리 크다고 하더라도 과연 그가 그것을 극복할 수 있으리라고 생각하는지 그렇지 않은지를 그에게 물어보라. 자신이 그렇게 할 수 있을지 없을지에 대해서 어쩌면 그는 확신하지 못할지도 모른다. 하지만 틀림없이 그는, 그런 일이 자신에게 가능하다는 것만은 주저 없이 시인할 것이다.[5]

이 예를 통해 칸트는, 경향성과 도덕(정직함과 정의 같은)이 충돌할 경우에 인간이 도덕 쪽을 선택하는 것은 매우 힘든 일이지만 그럼에도 불가능한 일은 아니라는 점을 역설하고 있다. 여기서 우리는 칸트 윤리학의 두 가지 메시지를 확인할 수 있다. 하나는 '도덕법칙의 자명성自明性'이다. "도덕과 관련된 일에서 인간의 이성은 아주 평범한 사람조차 매우 쉽고 정확하게 [옳고 그름에 대한] 판단을 내릴 수 있다"[6]라고 칸트는 자신한다. 또 "도덕법칙은 **순수 [실천]이성의 사실**로서 주어져 있고, 우리는 그것을 선험

5 같은 곳.
6 칸트, 『도덕형이상학 정초』, BA XVI.

적으로 의식하며 절대적으로 확신한다"[7]라고 말한다. 이처럼 자명한 도덕법칙의 대표적인 정식은 바로 "네 의지의 준칙이 항상 동시에 보편적인 입법의 원리로서 타당할 수 있도록 행위하라!"[8]라는 것과 "너 자신의 인격이나 다른 모든 사람의 인격 안의 인간성을 결코 단지 수단으로만 대하지 말고, 항상 동시에 목적으로도 대하도록 행위하라!"[9]라는 것이다.

다른 하나는 '도덕법칙을 실행하는 일의 어려움'이다. 칸트의 예화 속 주인공도 "그런 일이 자신에게 가능하다는 것"은 확언할 수 있지만, 자신이 그 일을 과연 실행할 수 있을지는 확신하지 못한다. 왜냐하면 도덕법칙을 실현하려면 그 과정에서 (막강한!) 자연적 경향성을 극복해야 하기 때문이다. 그래서 도덕법칙은 유한한 존재인 인간에게 항상 당위 또는 의무로 다가온다. 도덕법칙이 명령의 형태를 띠는 이유도 이 때문이다. 도덕법칙의 실현이 이토록 힘들기 때문에, 다음 절에서 보듯이, 칸트는 인간 영혼의 불멸과 신의 현존까지 요청하게 된다.

자연법칙이 지배하는 자연 세계는 일반적으로 약육강식의 질서를 지닌다. 소수의 강자가 다수의 약자를 지배하고 착취하는 구조로 되어 있다. 반면에 인간의 모임으로 구성된 도덕 세계는 약육강식의 자연 질서와는 전혀 다른 '인간 평등과 존엄함의 가치'를 구현하기 위해 도덕법칙을 필요로 한다. 이렇게 도덕 세계는 자연의 질서를 따르지 않고 오히려 그

7　칸트, 『실천이성비판』, A 81.

8　칸트, 『실천이성비판』, A 54.

9　칸트, 『도덕형이상학 정초』, BA 66~67.

것을 변혁하려 하기 때문에, 도덕법칙은 자연 세계로부터 도출될 수 없으며, 오직 형이상학적으로 정당화될 수밖에 없다.

　우주 만물을 포함한 자연 세계의 입법자인 인간이 '인간의, 인간에 의한, 인간을 위한' 도덕 세계의 입법자일 것은 너무나 당연한 일이다. 자연 세계의 모든 존재가 인과필연因果必然의 자연법칙에 지배되는 가운데 홀로 자유의지를 지니고 도덕법칙을 세우는 인간은 도덕 세계의 주인이며 마치 신처럼 자유로운 존재일 수 있는 것이다. 이로써 우리는 '칸트가 과거 신이 있던 자리에 인간의 이성을 앉혀 놓았으며, 그것이 그의 도덕철학에서는 자율 개념으로 표현되었다'는 해석에 어느 정도 일리가 있다는 것을 알 수 있다.

3. 영혼 불멸과 신의 현존을 요청하는 인간

　칸트는 『실천이성비판』의 변증론에서, 실천이성이 '최고선das höchste Gut'의 실현을 필연적으로 추구한다는 사실을 들어 영혼 불멸과 신의 현존을 '요청Postulat'하는데, 그 요지는 다음과 같다.

　이 세상에서 최고선을 실현하는 일은 도덕법칙에 의해 규정될 수 있는 의지의 필연적인 목표이다. 최고선 실현의 첫 번째 조건은 '최상선das oberste Gut'인데, 이는 도덕법칙의 명령을 의지가 완전하게 따르는 것을 가리킨다. 즉 덕과 행위의 완전한 일치이다. 하지만 신성한 의지나 완전한 의지라면 가능할 수도 있겠으나, 이성과 경향성을 동시에 지닌 유한한 존재인 인간이 이 생애에서 자신의 힘만으로 그것을 실현할 수는 없다. 그에게 가능한 것은 오직 도덕성의 더 낮은 단계에서 더 높은 단계로 나아가는 무한한 전진뿐이다. 그런데 이러한 도덕적 완전성을 향한 무한한 전진은 이성적 존재자의 무한히 계속되는 생존, 즉 영혼 불멸의 전제 아래에서만 기대할 수 있다. 따라서 '영혼 불멸'은 순수한 실천이성의 요청이다.[10]

최고선의 두 번째 요소는 행복, 즉 '도덕성에 걸맞은 행복'이다. 도덕법칙은 현상계로부터 도출된 것이 아니기 때문에, 도덕법칙 안에는 도덕성과 거기에 비례하는 (부분적으로 현상계에 속해 있는 존재의) 행복 사이를 연결시켜 줄 근거가 전혀 없다. 따라서 도덕법칙을 따르는 이성적 존재자는 자기 의지의 힘만으로는 자기의 도덕적 원칙들과 행복을 완전히 합치시킬 수가 없다. 그런데도 순수한 실천이성의 과제인 최고선이 반드시 실현되어야 한다는 요구는 이러한 연결을 필연적인 것으로 요청한다. 그러므로 인간의 유한성, 즉 무능력을 보완함으로써 도덕성과 행복의 엄밀한 일치를 보장해 주는 원인, 전체 자연의 원인인 '신의 현존'이 요청된다. 이와 같이 신의 현존을 가정하는 것은 도덕적으로 필연이다.[11]

하지만 칸트의 말처럼, 이러한 도덕적 필연성은 '주관적인' 요구에 불과한 것인지도 모른다. 신이라는 전체 자연의 최고 원인이 있어, '행복할 만한 자격(도덕성)'을 갖춘 상태와 실제로 행복한 상태가 일치되기를 바라는 우리의 소망을 충족시켜 주리라는 믿음인 것이다. 그러므로 이러한

10　칸트, 『실천이성비판』, A 219~220 참조.
11　칸트, 『실천이성비판』, A 224~225 참조.

신 존재 요청은 이론적 관점에서는 하나의 '가설'이라 부를 수 있겠지만, 최고선 실현이라는 의무 의식과 결합된 실천적 관점에서는 '신앙', 즉 순수한 '이성 신앙'이라 부를 수 있을 것이다.[12]

이리하여 도덕법칙은 실천이성이 지향하는 궁극 목적인 최고선 개념을 통해 '종교'에 이른다. 즉 '모든 의무를 신의 명령으로 의식'하는 데에 이른다. 물론 도덕법칙은 자기 자신의 자유로운 의지가 세운 법칙이지만, 이것을 우리는 최고 존재자의 명령으로 보아야 한다. 왜냐하면 우리는 도덕적으로 완전한(신성하고 인자한), 그리고 전능한 의지에 의해서만 최고선을 바랄 수 있고, 또 이 의지와의 일치를 통해서 그것에 도달하기를 희망할 수 있기 때문이다.[13]

여기서 칸트는 그리스도교 윤리학이 바로 이러한 (도덕) 종교의 모습을 보여 준다고 말한다.

그리스도교 윤리학은 (최고선의 두 번째 필수 요소의) 이러한 결핍을 이성적 존재자가 도덕법칙에 최선을 다해 헌신하는 세계를 '하느님의 나라'라고 표현함으로써 보완하고 있다. 거기에서는 자연과 도덕이, 최고선을 가능하게 하는 신성한 창조자[신]에 의해서, 양자가 각기 단독적으로는 불가능했던 조화에 이르게 된다.[14]

---

12 칸트, 『실천이성비판』, A 226~227 참조.

13 칸트, 『실천이성비판』, A 233 참조.

14 칸트, 『실천이성비판』, A 231~232.

요약하자면, 칸트에게 영혼 불멸과 신의 현존은 이론적으로 논증되거나 반박될 수 있는 것이 아니라, 오직 실천이성이 지향하는 최고선을 가능케 하는 조건으로서 도덕적으로 요청되는 것이다. 인간이 도덕적 존재인 한, 인간은 덕과 복이 일치하는 최고선을 지향할 수밖에 없고, 그 최고선 실현의 조건인 영혼 불멸과 신의 현존 또한 믿을 수밖에 없다는 것이다.

4. 자연의 최종 목적으로서의 인간

근대 자연과학은 기계론적 자연관을 대표한다. 뉴턴 물리학을 모델 삼아 전개한 칸트 인식론에서의 자연(현상계)도 기본적으로 인과필연의 자연법칙이 지배하는 기계론적 자연을 반영한다. 그러나 인간은 단순한 기계로서의 자연에 만족하지 않는다. 다시 말해 단순히 현상의 인과관계를 밝히는 설명만으로 만족하지 않는다. 그는 이 모든 것이 무엇을 위해 있는 것인지, 이 모든 일이 무엇 때문에 일어나는 것인지에 대해서도 알고 싶어 한다.

인간은 단 하나의 풀잎의 산출조차도 단순한 기계적 원인들에 의해

이해하기를 원하지 않는다.[15]

---

15 칸트, 『판단력비판』, B 353.

여기서 목적론이 등장한다. 칸트의 목적론을 이해하려면 먼저 '판단력'에 대한 설명이 필요하다. 칸트에게서 이성은 이론이성과 실천이성으로 나누어진다. 이론이성이 감성계(현상계)에 타당한 자연법칙을 정립하는 이성이라면, 실천이성은 의지의 자유를 기초로 초감성계(본체계) 안에서 도덕법칙을 수립하는 이성이다. 이론이성이 자연 세계에서 참과 거짓을 판별하는 이성이라면, 실천이성은 도덕 세계에서 선과 악을 판별하는 이성이다. 이론이성과 실천이성은 서로 이질적이어서 양자는 원칙적으로 서로의 영역을 침범할 수 없다. 하지만 이렇게 이원론적으로 분리된 세계 이해는 불만족스러울 수밖에 없다. 이에 이론이성과 실천이성을 매개하는 능력이 요구되는데, 그것이 바로 판단력이다.

판단력은 본질적으로 매개 능력이다. 그런데 『순수이성비판』과 『판단력비판』에서 판단력은 각기 다른 의미로 쓰인다. 『순수이성비판』에서의 판단력이 감성의 직관형식(감각적 다양)과 지성의 사유형식(범주)을 매개하는 능력이라면, 『판단력비판』에서의 판단력은 이론이성과 실천이성을 매개하는 능력이다. 즉 전자가 순수지성이 범주를 통해 감각적 다양을 정돈하려 할 때 특수(감각적 다양)를 보편(범주) 아래 포섭하는 능력이라면, 후자는 특수(경험적 자연) 속에서 보편(합목적성)을 찾아내는 능력이다. 전자를 '규정적 판단력'이라 하고, 후자를 '반성적 판단력'이라 한다. 이 반성적 판단력을 통해 칸트는 인간과 자연을 하나로 엮은 유기체적 자연을 상정한다.[16]

지성의 원칙에 입각한 규정적 판단력에 따라 기계론적으로 파악될 수 있는 자연은 '현상으로서의 자연'이다. 그런 자연은 인간의 직관형식과 사유형식에 따라 구성되는 현상이며, 그 현상은 지성의 인과필연성에 따라 기계론적으로 설명된다. 반면에 현상 너머의 자율적 주체로서의 인간이 자연에 대해서도 인간 자신과 마찬가지로 현상초월적인 초감성적 기체基體를 상정하여 자연을 그 기체의 발현으로 이해한다면, 그런 자연에 대해서는 기계적·인과론적 설명이 적용될 수 없다. 따라서 목적론이 적용될 수 있는 자연은 현상으로서의 자연이 아니라 '현상의 초감성적 기체로서의 자연'이다. 현상 너머의 초감성적 기체가 지닌 합목적성에 대한 판단은 규정적 판단력의 작용이 아니라 '반성적 판단력'의 작용이다. 이때 자연의 목적이란, 자연을 유의미한 하나의 통일적 체계로 이해하기 위해 우리가 상정한 주관적 원리일 뿐, 우리의 반성과 상관없이 자연 그 자체를 구성하는 객관적 원리는 아니다. 즉 그것은 자연 속에 숨겨져 있을 법한 의미를 찾아내기 위한 하나의 통제적(규제적) 이념인 것이다.[17]

이렇게 자연의 목적을 상정하는 순간, 이제까지 인과적 필연성의 맥락에서만 설명되던 자연의 존재들과 사건들은 이제 살아 있는 거대한 유기체로서의 자연의 관점에서 다시 조명되기 시작한다. 자연을 바라보는 우리의 관점의 변화와 더불어 자연은 전체와 부분, 목적과 수단이 긴밀하게 연결된 합목적성의 체계로 떠오른다. 여기서 우리는 자연 목적으로서의 유기체는 '왜, 무엇을 위해 존재하는가?'라는 마지막 물음을 묻게 된다. 이 세상의 존재들, 식물, 동물, 이들은 모두 무엇을 위해 존재하는

━━ 16 이선일, "칸트: 인간은 유한한 이성의 한계 내에서 위대함을 꿈꾸는 형이상학적 존재다",
　　　　소광희 외, 『인간에 대한 철학적 성찰』, 문예출판사, 2005, 198~199쪽 참조.

　　　17 한자경, 『칸트 철학에의 초대』, 서광사, 2006, 203~204쪽 참조.

것인가? 모든 피조물의 최종 목적은 과연 무엇인가? 칸트의 대답은 다음과 같다.

[그것은] "인간을 위해서"이다. 인간의 지성은 이러한 모든 피조물을 다양하게 사용할 것을 인간에게 가르쳐 준다. 인간은 이 지상에서 창조의 최종 목적이다. 왜냐하면 인간이야말로 목적을 이해할 수 있고, 합목적적으로 형성된 사물들의 집합을 자기의 이성에 의해 목적들의 체계로 만들 수 있는 지상의 유일한 존재이기 때문이다.[18]

그런데 이때의 인간은 자연 본성에 따라 행복을 추구하는 자연적 인간이 아니라 도덕적 인간, 즉 도덕적 주체로서의 인간이다.

궁극 목적이란 자신의 가능성의 조건으로서 다른 어떤 것도 필요로 하지 않는 그런 목적이다.[19]

이제 도덕적 존재자로서의 인간에 대해서는 "무엇을 위해 그가 현존하는가?"를 더 이상 물을 수 없다. 그의 현존은 자신 안에 최고의 목적 자체를 가지고 있어서, 그가 할 수 있는 한 이 최고 목적에 전체 자연을 예속시킬 수 있으며, 적어도 이 최고 목적에 반하는 자연의 어떤

---

18 칸트, 『판단력비판』, B 383.
19 칸트, 『판단력비판』, B 396.

한 영향에도 복종해서는 안 되는 것이다.[20]

칸트는 자연의 궁극 목적이 결국 인간이며, 그것도 도덕적 존재로서의 인간이라는 것이다. 그렇다면 인간의 도덕적 삶의 목적은 무엇인가? 칸트에 따르면 그것은 인간의 정신이 형성해 가는 '문화'이다. 문화를 통해 인간의 자연성 또는 경향성이 도덕성으로 고양됨으로써 결국 인간의 도덕성과 경향성, 덕과 복이 일치하는 사회가 가능해지고, 최고선의 실현이 가능해진다고 보기 때문이다.

이처럼 칸트는 도덕적 완성을 향해 나아가는 인간의 역사적·문화적 삶 속에서 희망을 찾고자 한다. 개체로서의 인간은 유한해서 허점투성이지만, 완전한 인간의 소질은 오랜 시간을 거치면서 인류적 차원에서, 즉 역사적 발전을 통해 성숙해 가는 문화 속에서 완전히 개발될 수 있으리라 기대한다. 개체로서의 인간은 '구부러진 재목'처럼 불완전하지만 유^類적 진보의 가능성을 가지고 있으며, 개체로서는 충분히 선하지 못하지만 유로서의 인간은 한갓 동물적 본능을 넘어 자유로운 결단과 이성적-목적 지향적 실천을 통해서 인간성의 이념(이상) 실현을 향해 나아갈 수 있다고 보는 것이다.

━━ 20   칸트, 『판단력비판』, B 398.

1. 다음 글을 읽고 칸트가 생각하는 도덕적 악의 기원은 무엇인지, 그리고 도덕적 선을 구현하기 위하여 우리가 지녀야 할 자세는 어떤 것인지 말해 보자.

악의 근거는 사람들이 흔히 말하고 있듯이 인간의 **감성**Sinnlichkeit 및 그로부터 발생하는 자연적 경향성 안에 놓여 있는 것이 아니다. 왜냐하면 감성은 악과는 직접적 관련이 없으며…, 우리는 경향성의 존재에 대하여 책임을 질 필요가 없기 때문이다. (그것에 대해 책임을 질 수 없다. 왜냐하면 감성은 타고난 것으로서 우리가 그것의 창시자가 아니기 때문이다.) 그러나 악의 성향Hang zum Bösen에 대해서는 책임을 져야 할 것이다. 악의 성향은 주체의 도덕성과 관련되어 있으며, 따라서 자유로운 행위자로서의 주체 안에서 발견되는 것이므로 스스로 죄를 초래한 주체에게 책임이 돌아갈 수 있는 것이다.[21]

역사 설화[아담과 이브의 이야기]를 통해 성서는, 모든 악 일반의 최초의 시작은 우리에게 이해 불가능한 것으로 묘사하고 있다. (그렇다면 그 영의 악함은 어디서 왔는가?) 즉 인간은 단지 **유혹에 의해** 악에 빠진 것이다. 따라서 인간은 **근원으로부터**(즉 선으로의 최초의 소질마저) 타락한 것이 아니라, 유혹하는 **영**과는 달리, 즉 육의 유혹이 그의 죄를 감면해 준다고는

21   칸트, 『이성의 한계 안에서의 종교』, B 31.

볼 수 없는 그런 존재와는 달리, 아직 개선 능력이 있는 존재로 표상된다. 그래서 심정은 비록 타락했을지라도 언제나 아직 선한 의지를 지니고 있는 인간에게는 악에서 벗어나 다시 선으로 돌아갈 수 있는 희망이 남아 있는 것이다.[22]

도덕 종교에 따르면 다음과 같은 것이 근본 원칙이 된다. 즉 더욱더 선한 인간이 되기 위하여 각자는 자기 힘이 미치는 한 최선을 다하지 않으면 안 된다는 것, 그리고 오직 자기의 타고난 소질을 묻어 두지 않을 때에만(루가 19:12~16), 인간은 자기의 능력만으로는 불가능한 것이 한층 더 높은 도움에 의하여 채워지기를 바랄 수 있다는 것이다. … 그러나 이러한[신의] 도움을 받을 만한 존재가 되기 위하여 **자기 자신이 무엇을 행해야 하는지**를 아는 것은 매우 중요하며 누구에게나 필요한 일이다.[23]

---

22 같은 책, B 47~48.
23 같은 책, B 62~63.

2. 다음 글을 읽고 칸트에게 역사란 무엇인지, 즉 그는 역사의 의미를 어떻게 이해하고 있는지 추론해 보자.

칸트에게 역사 세계는 바로 완전히 다른 두 세계, 즉 감성적 자연 세계와 초감성적 도덕 세계를 연결시키는 영역이 된다. 그는 역사를 자연의 무대 위에서 전개되는 과정으로 보면서도, 또한 자유가 자연 속에서 나타나는 과정으로 봄으로써 역사를 단순한 자연으로부터 분리시켰다. 그러므로 그는 자연에 적용되는 인과법칙적 설명 대신에 역사에는 목적론적 설명이 적용되어야 한다고 주장했다. 물론 이때의 목적론은 독단적 형이상학이 주장했던 전통적인 목적론이 아니다. 전통적 목적론은 합목적성을 인간에게서 독립해서 자체적으로 존립하는 것으로 파악했지만, 칸트의 사고방식의 전환은 이를 우리의 주관 인식이 가지는 정신적 태도로서 천명했기 때문이다. 말하자면 칸트에게 역사의 목적은 경험적으로 관찰될 수 있는 것이 아니다. 그것은 차라리 우리의 정신이 역사를 이해 가능한 것으로 만들기 위해서 역사 속에 집어넣는 선험적인 원리인 것이다. 그것은 흡사 그의 인과성이 관찰로부터 도출된 것이 아니라, 관찰에 [앞서] 부과되는 선험적인 원리인 것과 마찬가지이다.

우리가 역사의 탐구에 있어 합목적성이라는 이런 선험적 원리를 사용하지 않을 수 없는 이유는, 그렇지 않을 경우 역사는 전혀 의미 있게 구성되지 못하기 때문이다. 역사적 사건들 하나하나에 대한 인과 법칙적 설명만으로는 역사는 사건들의 혼란스러운 집적集積 이상이 되지 못한다. 그렇지만 우리가 역사를 전체적 관점에서 어떤 목적을 향해 진행해 가는 과정으로 본다면, 지리멸렬하고 혼란스러워 보이는 것들도 이해 가능한 것으로 나타날 수 있다.[24]

---

24 이한구, "칸트와 역사 세계", 임마누엘 칸트(이한구 편역), 『칸트의 역사철학』, 서광사, 1992, 150~151쪽.

Käthe Kollwitz, Saatfrüchte sollen nicht vermahlen werden, 1941

2장

키르케고르의
인간관

신 앞에 홀로 선 단독자

키르케고르S. A. Kierkegaard(1813~1855)는 19세기 유럽의 사상계를 지배하고 있던 헤겔의 관념철학적 사변에 대항하여 실존하는 개인의 내면 세계를 철학적 사색의 근본 문제로 등장시킨 현대 실존철학의 선구자이다. 그는 보편적이고 추상적인 개념 대신 구체적이고 현실적인 문제와 씨름하였고, 존재 전체의 체계 대신 개개인의 고유한 체험에 주목하였으며, 객관적 진리 대신 주체적 진리를 추구하였다.

19세기의 서구인들은 근대 과학기술의 놀라운 성과에 경도된 나머지 이제까지 그들의 정신 세계를 이끌어 오던 그리스도교의 영성 대신 세속화된 가치관을 신봉하게 되었다. 그리하여 그리스도교는 형식화되고 세속화되었으며, 정신적 뿌리를 상실한 사람들은 불안과 절망감에 사로잡히게 되었다. 키르케고르는 이러한 시대 분위기에 맞서 참된 신앙과 참된 신앙인의 모습을 바로 세우고자 하였다.

1. 키르케고르의 문제의식: 주체적 진리와 실존

흔히 키르케고르는 주관적이고 주체적인 사상가로 알려져 있다. 그가 보기에 진리란 주관적이고 주체적인 것이다. 진리가 주관적이라는 의미는 단지 상대적이라는 의미가 아니라 우리로 하여금 자신의 인격을 걸고 정열적·헌신적으로 살아갈 수 있게 하는 것이라는 의미이다. 그가 추구한 진리는 모든 인간에게 널리 받아들여질 수 있는 보편적 진리가 아닌, 한 개인이 자신의 특수한 삶의 과제를 이해하고 그것을 실현할 수 있게 해 주는 진리라 할 수 있다. 이러한 생각은 일찍이 20대 초반에 쓴 그의 일기(1835년 8월 2일 자)에서도 엿볼 수 있다.

내게 참으로 부족했던 것은 내가 무엇을 인식할 것인가가 아니라 **내가 무엇을 해야 할 것인가**에 대한 확실한 자각이다. 중요한 것은 나의 사명을 이해하는 것이요, 신이 진정으로 내가 행하기를 바라고 있는 것이 무엇인가를 아는 것이다. **내게 진리인 진리를 찾는 것, 내가 그것을 위해 살고 또 죽기를 진심으로 원하는** 그런 이념을 찾아내는 것이다. 이른바 객관적인 진리를 찾아낸들 그것은 내게 아무 소용도 없을 것이다. …

내게 부족했던 것은 **참으로 인간다운 삶을 살아가는 것**이다. 그러므로 나는 나의 사상 전개를 결코 내 자신의 것이 아닌 것 위에, 즉 객관적이라고 하는 것 위에 세우지 않고 내 생존의 가장 깊은 뿌리와 맺어져 있는 것 위에, 즉 그것으로 말미암아 내가 신적인 것에 뿌리박고 있으며 비록 온 세계가 무너진다 하더라도 굳게 매달려 떨어지지 않는 것 위에 세우게 될 것이다(진리란 [이런] 이념을 위해 사는 것이 아니고 무엇이겠는가?).[1]

이 일기 내용처럼 나와 아무 상관도 없는 객관적 진리가 아니라 나에게 진리인 진리를 발견하고, 내가 그것을 위해 살고 또 죽기를 진심으로 원하는 이념을 찾는 것, 곧 나로 하여금 참으로 내가 되게 하는 이념을 찾는 것이라는 이 '주체적 진리'야말로 키르케고르가 평생을 두고 불안과 절망이 엇갈리는 삶의 한가운데서 찾아낸 진리인 것이다.[2] 이제 그가 이런 주체적 사고를 통해 찾고자 한 '실존'의 개념에 대해 살펴보자.

전통적으로 실존이라는 용어는 '본질'에 대립되는 개념으로 사용되었다. 본질이란 특정한 종에 속하는 사물들이 보편적으로 지닌 근본 성질을 가리킨다. 이에 대해 실존이란 이러한 보편적인 근본 성질을 구현하고 있는 각 개체를 의미한다. 그중에서도 키르케고르가 문제 삼은 것

---

1 『키르케고르 일기 유고 전집(S. Kierkegaards Papirer)』, Pap., Ⅰ, A 75.
2 표재명, 『키에르케고어 연구』, 지성의샘, 1995, 17쪽 참조.

은 인간 개인이다. 인간만이 다른 사물이나 동물과 달리 '나'라는 개체의 식을 지니고 '내가 어떻게 살 것인가?'라고 물으며 고뇌할 수 있기 때문이다.[3]

그러므로 '실존'이라는 말은 사실상 '실존하는 개인'을 의미한다. 다시 말해서 바로 지금 여기에 구체적으로 존재하는 개인, 각자의 특수한 '나 자신' 또는 '자기'를 의미한다. 이와 같이 실존은 그것이 지닌 개체성, 구체성, 우연성이라는 특성으로 인해 개념에 의한 일반화를 거부한다. 또한 실존의 진리는 개인 각자의 내면적인 자기 이해의 체험을 통해서만 깨달아지기 때문에 각자의 체험을 통해 간접적으로 전달될 수밖에 없다.[4]

키르케고르는 이렇게 내면적으로 체험된 실존의 존재 구조를 다음과 같이 분석하고 있다.

인간은 정신이다. 정신이란 무엇인가? 정신이란 자아이다. 자아란 무엇인가? 자아란 자신이 스스로에게 관계하는 관계이다. … 인간은 유한성과 무한성, 시간적인 것과 영원한 것, 자유와 필연의 종합이다. 종합이란 둘 사이의 관계이다. 그렇지만 이런 생각만으로 인간은 아직 자아가 아니다.

둘 사이의 관계에서 관계 그 자체는 소극적 통일로서의 제3자이다. … 그와 반대로 관계가 자기 자신에 대하여 관계할 때 이 관계는 적극

3 박찬국, 『현대철학의 거장들』, 철학과현실사, 2005, 50~51쪽 참조.
4 신옥희, 『실존·윤리·신앙』, 한울아카데미, 1995, 144쪽 참조.

적인 제3자이며, 이것이 바로 자아이다.[5]

인용문에서 보듯이 인간은 유한성과 무한성, 시간과 영원, 자유와 필연 등 대립하는 두 요소의 통일이다. 그러나 정신으로서의 인간은 대립하는 두 요소 사이의 관계 그 자체에 불과한 것이 아니라 그 관계를 조정하고 변화시켜 가는 '적극적인 제3자'이다. 그는 두 요소의 통일을 추구하는 과정에서 자기의 자유를 체험하며, 자기 창조의 주체로서 스스로를 확인하게 된다. 이 두 요소 사이의 대립과 긴장 속에서 능동적으로 자기를 생성시켜 나가는 주체가 바로 참된 자기이다. 키르케고르에 따르면 이처럼 자기 생성을 위해 노력하는 정신이 곧 '실존'이다.

그런데 실존을 온전히 이해하려면 자기 자신과 능동적으로 관계하는 '주체적 실존' 외에 자기의 존재 근거인 신과 관계하는 '종교적 실존'의 차원에도 눈떠야 한다. 키르케고르가 보기에 주체적 실존과 종교적 실존은 서로 뗄 수 없이 관련되어 있다. 정확히 표현하자면, 자기 자신과 관계하는 주체적 실존은 신과 관계하는 종교적 실존의 차원에서 비로소 자유로운 자기 창조의 주체로서 참다운 주체성을 확립할 수 있다. 이와 같이 주체적 실존의 '자유'와 종교적 실존의 '신앙'을 본질적인 관계 속에 정립하며 종교적 실존에서 주체적 실존의 완성을 보는 점에 그리스도교적 실존철학자로서 키르케고르의 인간 이해의 특징이 드러난다.[6]

---

5 키에르케고르(박병덕 역), 『죽음에 이르는 병』, 개정판, 육문사, 2015, 48~49쪽.
6 신옥희, 『실존·윤리·신앙』, 146쪽 참조.

키르케고르의 실존의 의미는 절망에 관한 분석에서 더욱 명확해진다.

2. 절망에서 신앙으로

키르케고르는 『죽음에 이르는 병』에서 인간의 절망에 관해 치밀하게 분석한다. 그에 따르면 인간은 자기 존재의 구성 요소인 유한성과 무한성, 시간과 영원, 필연과 자유의 완전한 통일을 이룰 수 없기 때문에 절망을 피할 수 없다. 유한한 존재이면서 동시에 무한성을 지닌 인간은 유한한 자기의 현실을 넘어 무한한 자기를 실현하고자 하며, 필연성에 속박되어 있는 자기를 의식하면서 동시에 필연성의 속박에서 벗어난 자유로운 자기를 의식한다. 그리고 시간에 제약된 자기를 넘어 영원한 자기를 이 세상의 삶 속에서 구현하고자 한다. 그러나 이러한 실존의 과제는 현실의 벽에 부딪혀 좌절할 수밖에 없다. 그래서 실존으로 존재한다는 것은 절망이라는 병을 앓는 것이라고 키르케고르는 주장한다.

그렇다면 절망의 극복은 어떻게 가능한가? 키르케고르에 따르면 그것은 자신의 유한한 능력에 대한 최종적인 절망에서 신의 무한한 가능성에 대한 신앙으로의 비약을 통해서만 가능하다. 즉 자신의 유한성으로 인한 절망의 심연에서 비로소 신의 무한성에 이르는 단초를 발견한다는 것이다. 역설적이게도 절망이야말로 구원에 이르는 계기가 되는 셈이다.

만약 인간 안에 영원한 것이 존재하지 않았다면 인간은 절망할 수도 없었을 것이다. 절망이 인간의 자아를 삼켜버릴 수 있다면 인간은 절망할 필요가 없을 것이다.[7]

자신이 절망하고 있다고 솔직하게 말하는 자야말로, 절망하고 있는 것으로 보이지 않는 자나 자신이 절망하고 있다고 생각지 않는 어느 누구보다 한 걸음 더 구원에 다가서고 있는 셈이다.[8]

이런 무한성의 획득은 절망을 통하지 않고는 결코 도달할 수 없다.[9]

키르케고르에 따르면 실존적 자각을 가진 자만이 절망할 수 있다. 실존적 자각이 최고도에 이른 종교적 실존은 최고도의 절망을 수반한다. 이 종교적 실존의 절망은 "절망하여 자기 자신이려고 하지 않는 나약함의 절망"(여성의 절망)[10]도 아니고, "절망하여 자기 자신이려고 하는 반항적 절망"(남성의 절망)[11]도 아니다. 전자가 강화된 나약함이라면 후자는 강화된 반항으로서 이 두 가지 절망은 모두 죄이다.[12]

---

7   키에르케고르(박병덕 역), 『죽음에 이르는 병』, 62쪽.
8   같은 책, 73쪽.
9   같은 책, 74쪽.
10   같은 책, 122쪽 이하.
11   같은 책, 154쪽 이하.
12   같은 책, 172쪽 참조.

참다운 의미의 종교적 실존, 곧 그리스도인의 절망은 자기 자신이 기를 원하면서 동시에 자기를 설정한 힘 안에 자기를 근거 짓는 자의 절망이다. 이를 통해 그는 자기의 절망을 짊어지고 견딜 수 있는 용기와 확신을 얻는다. 그러므로 절망은 실존의 자유의식을 파괴하는 '죽음에 이르는 병'이기도 하지만 동시에 실존의 자기 초월과 자기 실현의 계기가 되기도 한다. 자신의 유한한 능력에 대한 최고도의 절망만이 각 실존으로 하여금 그리스도교 신앙의 역설을 받아들이는 정열적 결단에 이르도록 하기 때문이다.[13]

절망과 투쟁하면서 자신의 주체성을 확립해 가는 실존의 자기 실현 과정은 키르케고르의 이른바 '실존의 삼 단계설'에서 잘 드러난다.

3. 실존의 삼 단계

키르케고르에 따르면 인간의 실존은 다음과 같은 세 가지 단계를 거치면서 점차 본래적인 자기의 실현을 향해 나아가게 된다. 이를 '실존 변증법'이라고도 한다.

첫째 단계는 **심미적 실존**이다. 이것은 실존의 가장 낮은 단계로서 미와 쾌락에 탐닉하는 탐미주의자의 삶의 태도를 가리키는데, 젊은 시절 한때 방황하던 키르케고르 자신의 체험을 반영한 것이기도 하다. 심미적

---

13 신옥희, 『실존·윤리·신앙』, 151쪽 참조.

실존은 인생을 향락해야 할 것으로 생각한다. 스페인의 전설적인 호색한 好色漢 '돈 후안Don Juan'의 태도가 여기에 해당한다. 탐미주의자는 자신이야말로 사회적인 규범 따위에 구애받지 않고 가장 자유롭고 주체적으로 살고 있다고 생각하지만, 실상 그는 세상이 제공하는 향락에 끌려다니는 향락의 노예일 뿐이다. 그는 주어진 현실 속에서 무한한 쾌락을 추구하지만, 제약된 현실 속에서 무한한 쾌락을 얻기란 불가능하다. 이러한 삶은 결국 권태, 우울, 절망에 빠질 수밖에 없다.

이때 마음속 깊은 곳에서 '뉘우침'이 일어나고 인간은 참된 자기, 곧 윤리적 실존에 눈뜨게 된다. 이 깨우침의 계기가 되는 것은 이제까지 쾌락적·감성적 자기에 밀려 무시당했던 '양심'이다. 이 양심의 깨우침과 더불어 그는 다음 단계로 비약하게 된다.

둘째 단계는 **윤리적 실존**이다. 이 단계에서 인간은 더 이상 미와 쾌락을 삶의 원리로 삼지 않고, 도덕적 선을 삶의 원리로 삼는다. 이제 그는 사회적 법규와 도덕적 규범을 지키면서 한 선량한 시민으로서 양심과 이성에 따라 살려고 한다. 윤리적 실존에게 중요한 것은 자신의 존엄한 인격을 실현하는 것과 이를 통해서 참된 자기를 구현하는 것이다.

그러나 윤리적 실존은 그 출발부터 이미 실패할 운명을 안고 있다. 인간이 도덕법칙을 철저히 지키는 삶을 추구하는 순간, 그는 자신이 도저히 그것을 실현할 수 없다는 것을 깨닫게 되기 때문이다. 보편적인 도덕법칙의 요구와 유한한 현실 사이의 무한한 거리에 직면할 때 인간은 현실적인 자기의 약함을 절실히 깨닫고 도덕적 투쟁의 가능성에 대한 회의와 절망에 빠지게 되는 것이다. "그 누가 엄밀한 의미에서 윤리적일 수 있으며 그처럼 자기에게 철저할 수 있을 것인가? 사람은 성실하면 할수록, 양심에 따라 살려고 하면 할수록 자기 양심이 자기에게 지운 과제의 엄청난 요구 앞에 스스로의 무력을 통감하지 않을 수 없다. 마땅히 그래야 할 자기에 비추어 윤리적으로 반성되는 지금의 자기는 언제나 그 반성에 견딜 수 없는, 참되지 못한, 의롭지 못한 자기일 뿐이기 때문이다."[14]

키르케고르에 따르면 윤리적 실존이 좌절할 수밖에 없는 이유는, 원래 자기란 자기 자신의 자유에만 의존하는 존재가 아니라 자기를 설정한 타자인 신에 의존하는 존재이기 때문이다. 윤리적 실존은 이와 같은 실존의 이중적인 의존 관계를 무시하고 자기 자신의 자유에만 의존하려 하기 때문에 실패할 수밖에 없는 것이다. 여기서 윤리적 실존은 양심의 한계를 넘어 신에 의존하는 종교적 실존으로 넘어가게 된다.[15]

셋째 단계는 **종교적 실존**이다. 이 단계에서 인간은 신을 받아들이고 신앙으로 사는 삶의 자세를 취한다. 이러한 종교적 실존의 단계를 키르케고르는 종교성 A와 종교성 B로 구분한다. 종교성 A는 인간의 내재적인 진리 인식 가능성에 바탕을 둔 종교 일반을 의미하고, 종교성 B는 계시에 의거한 초월종교인 그리스도교를 가리킨다.

종교성 A는 인간의 내면에 진리가 존재한다고 생각한다. 이러한 입장은 플라톤 철학이나 불교와 비슷하다. 소크라테스의 상기설이 불멸하는 영혼의 존재를 전제하듯이, 종교성 A도 인간을 불멸하는 영혼의 소

---

14 표재명, 『키에르케고어 연구』, 26쪽.

15 신옥희, 『실존·윤리·신앙』, 155쪽 참조.

유자로 전제하며, 그러한 영혼을 참된 자기라고 믿는다. 종교성 A에서 인간은 영원에 속하는 불멸하는 영혼과 현상계에 속하는 시간적 존재의 종합으로 이해되기 때문에, 그의 실존의 주된 과제는 어떻게 하면 현상 세계의 변화하는 시간적 차원을 벗어나 영원으로 돌아가는가 하는 것이다.

반면에 **종교성 B**는 인간에 내재한 어떤 영원한 것도 인정하지 않고 신과 인간 사이의 절대적 단절을 주장한다. 윤리적 실존에서 인간은 자기의 약함을 스스로 극복할 수 있다고 보기 때문에 죄를 알지 못하고, 종교성 A에서는 자기 자신 속에 신과 교통할 수 있는 영원한 요소가 존재한다고 생각하기 때문에 죄를 깨닫지 못하며, 그리스도교 신앙만이 죄를 안다. 키르케고르에 따르면 죄의식이란 신과 인간 사이의 질적인 단절의 의식이다. 초월자의 힘에 의하여 자신의 내면을 있는 그대로 직시하게 될 때 인간은 '자신이 진리를 이미 간직하고 있는 자가 아니라 철저히 비진리'라는 사실을 깨닫게 된다. 옳고 현명하다고 생각했던 자신이 실은 거짓과 허위로 가득 찬 존재라는 것과, 자신의 힘으로는 어떤 방법으로도 영원한 진리에 도달할 수 없다는 것을 인식하게 된다. "인간은 신과 본질적으로 다르다. 신은 하늘에 있고 인간은 땅에 있다. 신은 거룩하고 인간은 죄인인 것이다. 신과 인간의 이 무한한 질적인 차이, 무한한 거리, 어떻게 이 양자 사이에 다리가 놓이고 만남이 이루어질 수 있을 것인가?"[16]

키르케고르에 의하면 신과 인간이 이러한 무한한 거리를 넘어 서로 만날 수 있는 것은 우리를 구원하기 위해 신이 인간의 모습으로 다가

---

16 박찬국, 『현대철학의 거장들』, 68~69쪽에서 재인용.

왔기 때문이다. 그러나 이것은 유한한 인간의 이성으로는 도저히 이해할 수 없는 역설이다. 이러한 역설은 이성적 사유가 아니라 오직 신앙을 통해서만 이해될 수 있을 뿐이다. 키르케고르는 성서 속 아브라함의 일화를 통해 이를 다음과 같이 표현하고 있다.

> 나의 의도는 아브라함의 이야기에 담겨 있는 변증법적 측면을 문제의 형태로 끄집어내어, 신앙이라는 것이 얼마나 엄청난 역설인가를 이해하고자 하는 데 있다. 즉, 살인마저도 하느님을 기쁘게 하는 성스러운 행위로 만들 수 있다는 역설, 이삭을 아브라함에게 다시 돌려준다는 역설, 어떤 사유도 이 역설을 이해할 수는 없다. 신앙이란 사유가 끝나는 곳, 바로 거기서부터 시작된다.[17]

키르케고르에 따르면 이러한 절대적 역설을 받아들일 때, 즉 결단

---

17 키에르케고르(임춘갑 역), 『공포와 전율』, 치우, 2011, 107쪽. 성서 「창세기」 22장에 보면, 아브라함은 어렵게 얻은 외아들 이삭을 희생시키라는 하느님의 명령에 순종하여 이삭을 모리아 산으로 끌고 가서 번제의 제물로 바치려고 했다. 하느님의 명령은 누가 보더라도 반윤리적이며, 아브라함의 행위 역시 객관적으로는 이해될 수 없다. 윤리적으로 볼 때 아브라함은 살인미수자, 그중에서도 가장 반인륜적인 비속(卑屬) 살인미수자인 것이다. 그런데 어떻게 이런 범죄자가 그리스도교에서는 신앙의 영웅으로 찬양되고 있는가? 키르케고르에 따르면, 이 장면에서 아브라함은 윤리적 의무를 무한히 체념하고 하느님에 대한 절대적 관계 속으로 들어갔다. 그는 자신을 제약하는 윤리적 의무와 그 윤리적 의무를 지지하는 보편적 세계를 넘어서서 하느님 앞에 홀로 선 것이다. 아브라함의 이런 영웅적 비약은 너무나 높은 경지여서 이 기막힌 비약 앞에서 사람들은 한없는 두려움으로 전율할 수밖에 없다. 이 사건을 키르케고르는 '윤리적인 것의 목적론적 정지(停止)'라고 부르는데, 이는 '역설'이라는 개념으로 연결된다. 보편적인 세계 밖으로 나가 외톨이가 된다는 것, 객관적인 확인이 불가능한 하느님의 명령을 확인한다는 것은 인간의 이성으로는 불가능한 일이기 때문이대키르케고르(임규정 역), 『두려움과 떨림: 변증법적 서정시』, 지식을만드는지식, 2014, 8~10쪽 "해설" 참조].

을 통하여 그리스도가 신이면서 인간이라는 역설을 믿을 때, 신이 그리스도 안에서 인간의 죄를 용서하신다는 것을 믿을 때 신앙은 성립한다. 우리가 스스로의 이성을 십자가에 못 박고 죽음의 비약을 감행할 때 궁극적인 구원을 얻게 되는 것이다. 물론 이것은 모험이지만, "모험 없이는 신앙도 없다." 결국 키르케고르에서 실존의 궁극적인 모습은 그리스도인으로서 신 앞에 서는 종교적 실존이요, 이는 곧 '참된 그리스도인이 되는 것' 바로 그것이다.[18]

4. 현대 문명의 위기에 대한 경고

20세기 실존철학은 서구 근대 문명의 위기의 산물이다. 인간의 이성과 합리적 사고 능력을 통해 더 나은 삶과 사회를 건설할 수 있다는 근대 계몽주의의 믿음은 19세기에 정점을 찍은 후 20세기에 들어 세계대전을 치르면서 산산이 부서졌다. 인간은 스스로 생각하는 것처럼 그렇게 이성적이고 합리적인 존재가 아니었던 것이다. 서구의 과학기술 문명은 일단 겉으로 보기에도 제국주의 전쟁의 파국적인 모습을 통해서 심각한 문제점을 드러냈다. 그뿐만 아니라 현대인의 풍요롭고 편리한 삶의 이면에는 인간의 자기상실이라는 무서운 병이 깃들어 있음도 드러났다. 실존철학은 서구 근대 문명이 추구해 온 이성주의, 진보주의, 낙관주의, 과학주

---

18 표재명, 『키에르케고어 연구』, 29쪽 참조.

의, 세속주의에 대한 총체적인 반성의 결과라 할 수 있다. 키르케고르를 실존철학의 선구자라 일컫는 것은 그가 일찍이 서구 근대 문명이 나아가는 방향에 의문을 품고 그 위기에 대해 경고했기 때문이다. 그 경과를 좀 더 자세히 살펴보자.

세속주의, 진보주의

19세기 서구 사회에서 그리스도교는 더 이상 과거와 같은 권위를 누리지 못하게 되었다. 그리스도교의 여러 교리가 미신적이고 모호하며 과학과 모순되는 것으로 보였기 때문이다. 당시 지식인들은 단지 시간만 좀 더 주어진다면 인간은 온갖 수수께끼를 풀고, 온갖 질문에 답변할 수 있고, 가난과 질병을 없애고, 자연을 정복하고, 전쟁을 추방하고, 더 나아가 천재지변까지 제거할 수 있을 것이라고 확신했다. 인간 지성의 힘으로 유토피아를 실현할 수 있으며, 그건 단지 시간문제일 뿐이라고 생각했다. 그리스도교 대신 지성의 신화가 그 자리를 대신하게 된 것이다.[19]

어떠한 시대도 우리들의 시대만큼 이렇게까지 지성의 신화를 만들어내는 일에 약삭빠른 적은 없었다는 사실을 염두에 두자. 우리들의 시대야말로 일체의 신화를 절멸하려 하면서도 스스로는 자신의 신화를 만들어내고 있는 시대인 것이다.[20]

---

19 하워드 A. 존슨(임춘갑 역), 『키르케고르 사상의 열쇠』, 다산글방, 2006, 19~20쪽 참조.
20 키르케고르(임춘갑 역), 『불안의 개념』, 다산글방, 2007, 89쪽.

키르케고르가 보기에 유신론이 세속적인 인간주의에 의하여 추방될 때, 세속적인 인간주의는 인간을 비인간화하는 유물론으로 타락한다. 유신론에서 인간주의로, 그리고 인간주의에서 유물론 혹은 자연주의로 진행하는 것이다. 이것으로 끝이 아니다. 다음 단계는 새로운 종교의 출현이다. 왜냐하면 인간은 종교적 존재이기 때문이다. 인간은 어떤 절대가 없이는 살 수 없는 존재이다. 인간은 그 본성의 구조상 무언가를 경배하고 자기 자신을 절대적으로 바칠 대상을 가져야만 한다. 그러므로 낡은 절대를 버린 인류는 머지않아 새로운 절대를 만들어야만 하는 것이다.[21]

과학주의

키르케고르에 따르면 인간의 정신을 좀먹고 무력화하는 중요한 요인 중 하나는 자연과학과 그에 의거한 기술 문명이다. 자연과학과 그 지식은 분명히 그 나름의 진리성을 가지고 있다. 그러나 그것은 어디까지나 과학의 영역에 머무는 것이고 또 머물러야만 하는 것이다. 그런데도 자연과학이 자신의 놀라운 성과를 과신한 나머지 정신의 영역에까지 손을 내미는 것은 교만이요 정신에 대한 모독이다.

자연과학이 정신의 영역에 발을 들여놓으려고 할 때 위험과 파멸이 온다. 그것으로 하여금 그것 나름의 방식으로 식물이나 동물 또는 별을 다루도록 하되, 인간 정신까지 그런 방식으로 다루는 것, 즉 대상

---

21 하워드 A. 존슨(임춘갑 역), 『키르케고르 사상의 열쇠』, 42~43쪽 참조.

의 질적 측면을 양적 측면으로 환원하고 기계적·역학적으로 획일화하여 다루는 것은 윤리적인 것, 종교적인 것의 정열을 약하게 만드는 모독일 뿐이다.[22]

키르케고르가 보기에 자연과학이 인간을 다른 생물과 동일한 방식으로 다룰 때, 정신으로서의 인간은 그의 존엄성을 침해당하고 인격 가치가 훼손되고 만다. 이런 이유로 그는 "모든 파멸은 최종적으로 자연과학으로부터 일어날 것"이라고 경고한다.[23]

대중사회, 전체주의

키르케고르는 특히 자기 시대를 진정한 정열이 없는 시대, 사실에 대한 감동이 없는 시대라고 비난한다.

우리들의 시대는 본질적으로 분별의 시대이고, 반성의 시대이고, 정열이 없는 시대로서, 어쩌다가 순간적으로 감격에 불타오르다가도 약삭빠르게 다시금 냉정해져버리고 만다.[24]

과거보다 지식 수준이 높은 현대인은 그의 풍부한 분별과 반성의

—— 22 『키르케고르 일기 유고 전집』, Pap., Ⅶ, A 186.
　　23 표재명, 『키에르케고어 연구』, 142쪽.
　　24 키르케고르(임춘갑 역), 『반복/현대의 비판』, 치우, 2011, 213쪽.

도움으로 '무엇을 해야 할 것인지'를 잘 알고 있지만 결코 '행동하지' 않는다. 그들은 '참가자'가 되는 대신 다만 '구경꾼'이나 '방관자'로 머물러 있는 것이다. 이처럼 아무도 스스로 결단하거나 행동하지 않는다면 사람들은 무명의 '공중', 무책임한 '대중'이 되고 만다. 그들의 특징은 '수다'이며, 그들 사이에서 모든 책임 있는 이야기는 '잡담' 속에 묻혀 버린다.

그러나 키르케고르가 보기에 인간에게 가장 중요한 것은 익명으로 전체의 한 부분이 되는 것이 아니라 스스로 주체적인 자기가 되는 것이다. "대중은 비진리이고 단독자만이 영원한 진리"이며, "진리는 언제나 다수자가 아니라 소수자에게 있다"라는 그의 주장도 이런 맥락에서 이해된다.[25] 더 나아가 키르케고르는 당대를 풍미하던 헤겔의 철학 속에는 국가를 절대시하면서 개인이 국가의 명령에 절대 복종해야 한다는 생각이 담겨 있음을 간파하고 그것을 맹비판한다. 이런 사회는 항상 개인을 파괴하고 결국에는 자기 자신마저도 파괴하는 전체주의 사회로 타락하고 만다는 것이다.[26] 여기서도 우리는 '전체가 진리'라고 한 헤겔에 맞서 '주체성이 진리'라고 선언한 키르케고르 사상의 특징과 함께, 현대 실존철학의 선구자로서의 그의 면모를 확인할 수 있다.

---

25   표재명, 『키에르케고어 연구』, 154~156쪽.

26   하워드 A. 존슨(임춘갑 역), 『키르케고르 사상의 열쇠』, 48~49쪽 참조.

1. 다음은 죄에 관한 '소크라테스적 정의定義'와 '그리스도교적 정의'를 비교한 키르케고르의 언급이다. 이 글을 읽고, 키르케고르가 죄의 개념을 어떻게 이해하고 있는지 말해 보자.

죄는 무지無知이다. 이것이 소크라테스적 정의이다. 소크라테스에 의하면 옳은 것을 아는 자는 그것을 행한다. 옳은 것을 행하지 않는 자는 옳은 것을 모르는 자이다. 즉 옳은 것을 행하지 못하는 것은 무지하기 때문이다. 그러므로 덕德은 지知이며, 무지는 부덕不德, 즉 죄이다. … 사실 소크라테스는 죄를 규정하기에는 이르지 못했다. 이 점이 소크라테스적 죄의 정의에 하나의 난점이다. 왜일까? 만약 죄가 곧 무지라면, 애당초 죄란 존재하지 않기 때문이다. 죄는 다름 아닌 의식意識이기 때문이다. 만약 죄가 옳은 것에 관한 무지이고, 그 무지 때문에 옳지 못한 짓을 하는 것이 죄라면, 그런 경우 죄라는 것은 존재하지 않는다. 만약 무지가 죄라면, 어떤 것이 옳은지를 알면서도 옳지 않은 것을 행한다든가, 어떤 것이 옳지 않은지를 알면서도 그것을 감행하는 일은 있을 수 없을 것이다. 소크라테스 역시 그렇게 생각했다. 따라서 죄에 관한 소크라테스적 정의가 정당하다면 죄는 전혀 존재하지 않는다.[27]

인간은 자신이 죄 안에 있는 까닭에 자신의 능력만으로는 죄가 무엇

---

27   키에르케고르(박병덕 역), 『죽음에 이르는 병』, 193~196쪽.

인지에 관하여 말할 수가 없다. 인간이 죄에 관하여 말한다면 그 말은 모두 죄에 대한 변명일 뿐이다. 그러므로 그리스도교는 다른 방법, 즉 오직 신의 계시만이 죄가 무엇인지를 인간에게 밝혀줄 수 있다는 사실에서 시작한다. 즉 죄란 인간이 올바른 것을 이해하지 못했다는 것이 아니라, 그것을 이해하려 하지 않았다는 것, 원하지 않았다는 것이다. … 따라서 그리스도교적으로 이해한다면, 죄는 인식 안에 있는 것이 아니라 의지 안에 있는 것이다. … 그러므로 앞에서 논의했던 죄의 정의는 다음과 같이 보충되어야 한다. 죄란 신의 계시에 의해 죄가 무엇인지 해명된 후에 신 앞에서 절망하여 자기 자신이려고 하지 않는 것, 또는 절망하여 자기 자신이려고 하는 것이다.[28]

---

28 같은 책, 207~209쪽.

2. 다음 글에서 키르케고르는 윤리적 단계를 넘어 종교적 단계로 비약하는 인간 실존의 계기는 이성적으로 이해될 수 없는 '역설'임을 아브라함의 일화를 통해 논하고 있다. 여기서 언급된 '윤리적인 것의 목적론적 정지'의 의미와 '신앙의 본질'은 어떤 것인지 설명해 보자.

> 아브라함이 한 일은 윤리적으로 표현한다면 이삭을 죽이려고 한 것이고, 종교적으로 표현한다면 이삭을 바치려고 한 것이다. 그런데 바로 이 모순 속에 사람들을 잠 못 이루게 하는 불안이 있는 것이다. 그리고 이 불안이 없으면 아브라함은 저 아브라함이 아닐 것이다.[29]

> 이삭에 대한 아브라함의 관계는 윤리적으로 표현한다면 매우 단순하여, 아버지가 된 자는 자기 자신보다 자식을 더 사랑해야 한다는 것이다. 그러나 윤리적인 것은 그 자신의 범위 안에 여러 단계를 가지고 있다. 우리는 아브라함의 이야기 속에 윤리적인 것에 대한 어떤 한층 고차원적인 표현이 발견되지 않을까를, 즉 아브라함의 행동을 윤리적으로 설명하고, 그의 자식에 대한 윤리적 의무를 정지하는 것을 윤리적으로 정당화할 수 있으면서도 윤리적인 것의 목적론을 넘어서지 않는 어떤 표현을 그 이야기 속에서 찾아볼 수 있는지를 살펴보아야 하겠다.[30]

━ 29 키에르케고르(임춘갑 역), 『공포와 전율』, 55쪽.
   30 같은 책, 114~115쪽.

아브라함은 매 순간마다 살인자였던가? 아니면 모든 매개보다도 높은 곳에 있는 역설 앞에 우리가 서 있는가? 둘 중 하나다. 그렇다고 하면 아브라함의 이야기는 윤리적인 것의 목적론적 정지를 내포하고 있다. 그는 개별자로서 보편적인 것보다 높게 되었다. 이것은 매개를 용납하지 않는 역설이다. 그가 어떻게 이 역설 속에 들어갔는지는, 그가 어떻게 이 역설 속에 언제까지나 머물렀는지를 설명할 수 없는 것과 마찬가지로 설명할 수 없다. … 그러나 신앙의 좁은 길을 걸어가는 사람에게는 아무도 충고할 수 없고, 또 아무도 그를 이해하지 못한다. 신앙은 기적이다. 그렇지만 어느 누구도 신앙에서 배제되어 있지는 않다. 왜냐하면 모든 인간생활을 하나로 묶어 놓는 것은 정열이고, 그리고 신앙은 곧 정열이기 때문이다.[31]

---

31 같은 책, 135~136쪽.

Käthe Kollwitz, Weberzug, 1897

3장

니체의 인간관

허무의 심연을 딛고 일어선 초인

니체^{F. W. Nietzsche}(1844~1900)는 플라톤 이래 이성 중심의 서구 주류 철학에 일대 반기를 든, 그리하여 그것을 송두리째 뒤엎으려 시도한 19세기의 풍운아이다. 그는 서구 근대 문명의 위기 징후를 포착하고 그 극복을 위해 발상의 전환을 시도한 희대의 천재로서, 그의 사상은 현대 포스트모더니즘의 기폭제가 되었다.

특히 '신은 죽었다!'라는 선언과 더불어 이 시대를 '허무주의'로 진단한 시대 비판, 인간은 이성적 존재라는 전제 아래 전개된 모든 도덕철학의 거부, 우리로 하여금 자신에게 닥친 가혹한 운명에 맞서 스스로 초인^{超人}이 될 것을 촉구한 그의 생^生철학^{life-philosophy}과 의지의 철학은 현대인에게 많은 영감을 불어넣었다.

1. 생철학의 등장과 니체의 문제의식

이데아와 같은 추상적 관념으로 형성된 세계를 참된 세계로 간주한 플라톤과 달리, 니체는 우리가 감각할 수 있는 자연 세계만을 참된 세계로 인정한다. 여기서 유념할 점은 이 자연 세계란 불변하는 세계가 아니라 시간의 흐름과 더불어 항상 변화하는 세계라는 것이다. 이러한 사고방식의 원조는 헤라클레이토스이다. 파르메니데스가 '실재하는 것은 변화하는 존재가 아니라 불변의 존재'라고 주장함으로써, 그리하여 감각적 경험을 불신하고 논리적 사유를 앞세워 서양 주류 철학의 원조가 되었다면, 헤라클레이토스는 '만물은 유전流轉 변화한다!'라고 선언함으로써 비주류 철학의 원조가 되었다. 니체는 헤라클레이토스에 동조하여 끊임없이 생성 소멸하는 이 세계야말로 유일한 현실이며 절대적, 필연적, 보편적인 것 따위는 존재하지 않는다고 본다.

절대·필연·보편의 존재를 믿은 이성주의자들이 중시하는 것은 논리학, 그중에서도 형식논리학이다. 논리학에서는 자명한 공리이자 최고 원리인 동일률, 모순율, 충족이유율 등의 논리적 법칙이 중시된다. 이것을 기준으로 옳고 그름을 판별할 수 있다고 여기기 때문이다. 하지만 논리학은 많은 한계를 내포한다. 논리학은 모든 것을 정지시켜 놓고 본다. 거기에는 시간성이 배제되어 있다. 마치 정지된 순간만을 포착하는 사진처럼 논리학은 사태를 단순화시킨다. 따라서 역동적 세계를 제대로 포착하려면 논리의 단순한 형식에서 벗어나야 한다. 이는 변화를 인정하고 변화의 원인인 모순까지 인정해야 함을 의미한다. 사태를 정지시켜 놓고 보는 평면적이고 피상적인 논리의 틀을 뛰어넘어 모순을 통해 전개되는 변화의 세계를 있는 그대로 받아들여야 한다.[1]

바로 여기서, 변화하는 현실과 생명의 에너지에 주목하는 '생철학자'로서의 니체의 면모가 드러난다. 생철학은 생을 객관화해 밖으로부터 파악해 온 그동안의 철학적 전통이나 과학적 전제를 거부하고, 생을 우리에게 주어진 직접적이고 구체적인 현실로 받아들여 그 자체로 파악하려는 철학이다. 19세기 중반 니체와 함께 등장한 생철학은 기존의 주류 철학에 대한 반발에서 나온 반동의 철학이다. 생철학을 촉발한 당대 철학의 문제들로는 관념적 추론으로 생을 빈곤케 한 근대 '이성주의rationalism'의 **독단**, 풍요로운 삶의 다면성을 실증적 사실로 한정함으로써 실증 이전의 직접적 현실을 놓치고 만 '실증주의positivism'의 **독선**, 과학에 대한 신뢰와 실증의 정신으로 무장해 과학 이전의 생의 역동적 현실을 외면하고 모든 것을 기계론의 관점에서 단순화한 '과학주의scientism'의 **오만**을 들 수 있다. 니체의 생철학은 이러한 독단, 독선, 오만에 대한 반발에서 시작한다.[2] 이에 대해 좀 더 자세히 살펴보자.

첫째, 니체는 **이성주의자**들의 이성에 대한 무한 신뢰와 감각적 경

---

1 정동호, 『니체』, 책세상, 2014, 42~47쪽 참조.

2 같은 책, 71쪽 참조.

험에 대한 불신을 비판한다. 그는 인간의 정신적 능력, 영혼, 이성보다 신체적 현실과 감각, 지각에 더 주목하는데, 이는 이성적 추론을 통해 얻어진 개념만으로는 특수하고 구체적인 역동적 생의 현실을 생생하게 포착할 수 없다고 보기 때문이다.

> 형제들이여, 차라리 건강한 신체에서 울려오는 음성에 귀를 기울이도록 하라. 보다 정직하며 보다 순결한 음성은 그것이니.[3]

둘째, 니체는 실험과 관찰을 통해 얻어진 검증 가능한 사실만을 인식의 근원으로 받아들이는 **실증주의**를 비판한다. 니체가 보기에 실증주의는 단지 방법론일 뿐이다. 그런데 방법론이 방법론에 그치지 않고 그 자체로 철학이 될 때 문제가 생긴다. 즉 실증주의가 기대고 있는 기계론으로 모든 일을 해석할 때, 검증 이전과 검증 이후의 생생한 현실은 무시되며, 이는 결국 생의 빈곤화와 파괴를 초래하고 만다. 실증의 눈으로는 사실을 낳는 보다 근원적이며 본질적인 것을 보지 못한다. 그것으로 세계의 겉모습은 묘사할 수 있겠지만 세계의 근원을 파악하여 설명하지는 못한다.[4]

셋째, 니체는 당대 자연과학의 발전에 힘입어 모든 것을 기계론적 인과법칙으로 설명하려는 **과학주의**를 비판한다. 그는 특히 흄의 인식론

---

3 KGW VI 1, 35쪽; 니체전집 13(정동호 역, 책세상, 2000), 51쪽.
4 KGW VIII 2, 23쪽; 니체전집 20(백승영 역, 책세상, 2000), 32쪽 참조.

적 회의주의에 동조하여 인과 개념을 비판한다. 인과 개념이란 사건을 늘 원인과 결과의 틀로만 바라보려는 우리의 무능력, 주어와 술어의 결합으로 되어 있는 우리의 언어 구조, 그리고 낯선 것을 꺼려 사건의 전말을 불가피한 것으로 받아들이려는 심리적 요청의 산물에 불과하다는 것이다.[5]

이와 같은 이성주의, 실증주의, 과학주의에 대한 비판을 통해 니체는 당대 주류 철학에 의해 파괴된 생을 되살려 존재의 의미이자 가치의 원천으로 복권시키고 세계를 원래의 세계로 복원하는 것을 자기의 시대적 소명으로 받아들인다. 그리고 이것을 이루기 위해 생에 적대적인 다음과 같은 세력들과 한바탕 싸움을 벌여야 한다고 주장한다. 첫째는 생명의 에너지인 본능과 충동을 억압하여 생명을 빈사 상태로 내몬 '이성주의 철학'이다. 둘째는 현상계와 본체계, 현세와 내세 등의 두 세계 이론을 펼쳐 피안의 세계를 동경하도록 하고 구체적 현실인 이 땅에서의 생을 외면하도록 가르쳐 온 '플라톤류의 형이상학과 그리스도교 교의'이다. 셋째는 선과 악, 정의와 불의 같은 반자연적 가치로 족쇄를 채워 생을 학대해 온 '온갖 도덕적 규범들'이다.

이들과의 싸움을 통해 니체는 무능력할 뿐만 아니라 해악만을 낳는다는 이유로 이성에 재갈을 물렸고, 플라톤류의 초월적 이념과 그리스도교의 초월적 신앙의 죽음을 선포하였으며, 선악의 구분에 근거한 도덕을 파헤쳐 그것의 허구성을 낱낱이 폭로했다.[6]

---

5 KGW VIII 1, 99~101쪽; 니체전집 19(이진우 역, 책세상, 2005), 126~128쪽 참조.
6 정동호, 『니체』, 109~110쪽 참조.

2. 신의 죽음과 니힐리즘

니체는 다음과 같이 신의 죽음을 선포한다.

신이 어디로 갔느냐고? 너희에게 그것을 말해주겠노라! **우리가 신을
죽였다** — 너희들과 내가! 우리 모두가 신을 죽인 살인자다! … 신은
죽었다! 신은 죽어버렸다! 우리가 신을 죽인 것이다! 살인자 중의 살
인자인 우리는 이제 어디에서 위로를 얻을 것인가?[7]

신이 죽었다는 니체의 선언은 신이 존재하지 않는다는 무신론적
주장이라기보다는 일종의 시대 진단으로서 이제 신이 인간을 지배하던
힘을 상실했음을 의미한다. 이는 신의 지배를 받아들이지 않기로 한 인간
의 결단에 의해서 일어난 것이다. '신이 죽은' 근대의 상황을 니체는 니힐
리즘nihilism(허무주의)이 지배하는 상황으로 파악한다. 전통적인 형이상학과
종교에서는 이 지상의 삶과 육체란 조만간 사라질 허망하기 짝이 없는 것
이고, 오직 피안의 삶과 신만이 영원하고 참된 것이었다. 이런 이유로 전
통 형이상학과 종교에서 전자는 무상하고 무가치한 반면, 후자는 영원하
고 최고의 가치를 지닌 것으로 여겨졌다. 이러한 최고의 가치들은 전통
형이상학에서는 초감성적 이념이나 존재로 이해되었다. 하지만 신의 죽
음과 더불어 이러한 초감성적인 이념과 가치들이 인간에 대해서 가지고

---

7 KGW Ⅴ 2, 159쪽; 니체전집 12(안성찬·홍사현 역, 책세상, 2005), 200쪽.

있던 지배력은 상실되었다. 왜냐하면 그것들은 더 이상 실재가 아니라 인간의 단순한 상상물임이 드러났기 때문이다. 플라톤의 이데아나 그리스도교의 신과 같은 것은 인간이 삶의 무상함을 견디기 위해 지어낸 환상에 지나지 않음을 사람들이 깨닫게 된 것이다. 과거 자신들이 의존하던 이념과 가치들을 상실한 사람들은 이제 삶의 방향과 의미, 즉 내가 왜 사는지에 대한 답을 찾지 못하면서 허무감에 사로잡히게 되었다. 이러한 상황을 니체는 니힐리즘이라 부른다.[8]

이러한 니힐리즘은 언뜻 부정적으로 보일지 모르지만 인간이 이를 통해 자신이 이제까지 사로잡혀 온 환상과 허위에서 깨어나게 된다는 점에서 니체는 오히려 그것을 긍정적으로 본다.

실제로 우리 철학자들, "자유로운 정신들"은 "늙은 신이 죽었다"는 소식에서 새로운 여명이 밝아오는 듯한 느낌을 받고 있다. 우리의 가슴은 감사, 놀라움, 예감, 기대로 넘쳐난다. 아직 환하지는 않을지라도 마침내 우리에게 수평선이 다시 열린 것이다. 마침내 우리의 배가 다시 출항할 수 있게, 모든 위험을 향해 출항할 수 있게 된 것이다. 인식의 모든 모험이 다시 허락되었다. 바다가, **우리의** 바다가 다시 열렸다. 그러한 "열린 바다"는 아마도 일찍이 한 번도 존재한 적이 없었을 것이다.[9]

---

8 박찬국, 『현대철학의 거장들』, 철학과현실사, 2005, 93~97쪽 참조.

9 KGW V 2, 256쪽; 니체전집 12(안성찬·홍사현 역, 책세상, 2005), 320쪽.

신이 죽었다는 것은 플라톤 이래 '생에 적대적인 모든 초월적 이념과 신앙'이 수명을 다했음을 의미한다. 그렇다면 대안은 무엇인가? 니체가 보기에 칸트나 마르크스처럼 플라톤의 이데아나 그리스도교의 인격신 대신 '정언명법', '양심', '미래 이상사회의 희망' 등을 내세우는 것은 올바른 대안이 될 수 없다. 니체는 특히 칸트의 의무론도 비판한다. 우리가 살고 있는 현실 어디에도 '마땅히 무엇을 해야 한다'라는 당위나 의무는 있을 수 없다는 것이다. 순수 이성도 도덕법칙의 존재도 부인하는 그에게는 당연한 귀결일 것이다. 인간의 행위를 이끄는 것은 이성의 명령이 아니라 오히려 소망, 충동, 욕구 등의 경향성인데도 의무라는 개념에 매달려 의무의 신성함을 주장한 칸트를 조롱하며, 니체는 그를 '몰취미한 쾨니히스베르크의 중국인, 서툴고 고루한 소인배, 그리고 소도시 취향을 지닌, 의무감에 사로잡힌 프로이센의 관리'라고 폄하한다.[10]

니체는 자신의 시대적 상황의 본질을 있는 그대로 통찰하는 것에서 니힐리즘을 극복할 길을 모색한다. 니힐리즘에서 도피하는 소극적 방식, 즉 피안 세계나 미래의 이상사회 같은 환상을 만들어 거기서 구원을 찾는 방식은 근본적 대안이 될 수 없다. 이러한 현실의 무상함과 고통을 극복하는 길은 오히려 그것들을 긍정하고 그것들을 자신을 강화하고 자신의 힘을 즐기는 기회로 전환하는 강인한 생명력에서 찾을 수밖에 없다. 이러한 생명력을 니체는 '힘에의 의지Wille zur Macht'라고 부른다.[11]

---

10 KGW VII 2, 173~174쪽; 니체전집 17(정동호 역, 책세상, 2004), 231쪽; 정동호, 『니체』, 199~200쪽 참조.

11 박찬국, "니체: 인간은 자신을 초극해야 하는 존재다", 소광희 외, 『인간에 대한 철학적 성

3. 힘에의 의지와 가치의 전환

니체가 말하는 '힘에의 의지'는 남을 함부로 지배하고 억압하려는 권력 의지를 의미하지 않는다. 니체가 힘에의 의지를 "세계의 본질"[12] 혹은 "모든 변화의 궁극적 근거이자 특성"[13]으로 규정한 데에서 짐작할 수 있듯이, 그것은 일종의 형이상학적 원리로서 착안된 것이다. 잘 알다시피 철학의 역사는 만물의 근원에 대한 형이상학적 물음과 함께 시작되었다. 탈레스는 물, 아낙시메네스는 공기, 헤라클레이토스는 불을 존재의 근원이라고 했는데, 니체는 그것을 힘에의 의지라고 보는 것이다. 원래 '힘'은 아리스토텔레스 이후 물리적 힘에 생명력과 정신력까지 포함하는 포괄적인 개념이었다. 이 힘을 주의주의에서는 '의지'라고 불렀고, 근대 주의주의를 대표하는 쇼펜하우어는 이 의지를 세계의 본질로 삼으면서 특히 '생에의 맹목적인 의지'라 칭하였다. 니체의 '힘에의 의지'는 이 쇼펜하우어의 의지 개념을 비판하면서 등장한 것이다. 니체에 따르면 의지는 결코 맹목적일 수 없다. 그것은 처음부터 더 많은 힘을 얻어 자신을 강화하려는 지향을 갖고 있기 때문이다.[14]

'힘에의 의지'는 만족을 모른다. 그래서 끝없이 투쟁하게 되는데, 이 과정에서 생은 무한히 긍정되고 고양된다. 이처럼 단지 자신의 생존과

찰』, 문예출판사, 2005, 327쪽 참조.

12 KGW VI 2, 109쪽; 니체전집 14(김정현 역, 책세상, 2002), 139쪽.

13 KGW VIII 3, 95쪽; 니체전집 21(백승영 역, 책세상, 2004), 123쪽.

14 정동호, 『니체』, 320~323쪽 참조.

유지를 추구하는 것이 아니라 끊임없이 자신의 고양과 성장을 추구하는 것이야말로 힘에의 의지의 본질이다. 그래서 인류의 역사에는 전쟁이 끊이지 않는다. 이는 사람들의 일차적인 관심사가 생존보다는 자신의 힘의 확장, 위신과 자부심의 증대에 있기 때문이다.

진정한 '힘에의 의지'란 자기 강화와 자기 극복에의 의지이며 자신의 힘으로 자신을 구원하려는 의지이다. 이러한 자기 초극이 가능하려면 우선 기존의 이데아, 신, 이상사회 같은 허구적인 타자에 대한 유아적 의존 상태에서 벗어나 자기 스스로 독립적인 존재가 되어야 한다. 이런 맥락에서 니체는, 우리가 신을 살해한 다음 스스로 신이 되지 않으면 안 된다고 말한 것이다.

니체에 따르면 모든 존재자는 무생물, 식물, 동물, 인간을 막론하고 그가 존재하는 한 힘에의 의지로서 존재한다. 그러므로 힘에의 의지야말로 모든 가치의 근원이다. 힘에의 의지를 강화시키는 것이 가치 있는 것이며 그렇지 않은 것은 무가치한 것이다. 이러한 관점은 전통 형이상학과는 사뭇 다르다. 여기에 따르면 가치란 그 자체로 존재하는 것이 아니다. 또 인간이 거기에 따라야 할 무조건적이고 절대적이며 영원불변한 것도 아니다. 그것은 힘에의 의지의 필요에 따라 그때그때 정립되거나 폐기되는 것일 뿐이다. 니체는 이를 '가치의 전환'이라 부른다. 이는 가치 정립의 원리가 변화한다는 것으로서, 이제 인간은 더 이상 형이상학적 가치 정립을 통한 자기 소외의 상태에 머물러 있지 말고 거기서 벗어나야 한다고 주장하는 것이다.[15]

니체는 진리의 기준도 힘에의 의지에서 찾는다. 그에 따르면 진리란 생의 존립과 유지를 위해서 힘에의 의지가 정립한 가치이다. 전통적 인식론에서 진리란 보통 실재와 일치하는 것을 의미한다. 그러나 이렇게 생성을 배제한 채 정지 상태에서 인식된 것은 실재의 참된 모습이 아니라 가짜 모습일 뿐이다. 따라서 그것은 오류이다. 전통적인 최고의 가치들이 붕괴된 니힐리즘의 상황에서 이제 재정립되어야 할 궁극적인 가치는 힘에의 의지를 최고도로 실현하고 강화하는 가치이다. 그것은 전통적인 가치들처럼 힘에의 의지를 약화시키는 것이 아니라 오히려 최고의 힘에 도달하도록 촉발하는 가치여야 한다. 그것은 힘에의 의지를 최대의 시련에 직면케 함으로써 단련하는 것이어야 한다. 그렇다면 이 최대의 시련이란 어떤 것인가? 그것은 바로 근대가 직면하고 있는 니힐리즘의 상황이다. 생이 아무런 목적도 없는 것으로 밝혀질 때 생은 인간에게 최대의 고통으로 나타난다. 인간이 어떤 고통을 견뎌야 할 이유를 알 때, 인간은 그런 고통을 감수할 수 있다. 하지만 생이 아무런 목표도 없이 자신을 반복할 뿐이라는 극단적 니힐리즘의 상태는 힘에의 의지에게 최대의 시련이 된다. 이러한 극단적 형태의 니힐리즘은 인간으로 하여금 하나의 궁극적 결단의 상황에 직면하도록 한다. 여기서 영원회귀 사상이 등장한다.[16]

---

15 박찬국, "니체: 인간은 자신을 초극해야 하는 존재다", 『인간에 대한 철학적 성찰』, 328~333쪽 참조.

16 같은 책, 333~338쪽 참조.

4. 영원회귀 사상과 운명애

　　니체의 영원회귀 사상은 당시 물리학의 연구 성과를 반영한 것이기도 한데, 특히 '에너지 보존법칙'에 영향을 받았다. 무에서 생성되거나 무로 소멸하는 것이 없고 힘의 총량이 일정하다는 것은 그 힘의 활동 영역인 공간이 닫혀 있다는 것, 곧 유한하다는 것을 의미한다. 또 그 힘의 운동에 끝이 있을 수 없다는 것은 그 힘으로부터 산출되는 시간이 열려 있다는 것, 곧 무한하다는 것을 의미한다. 유한한 공간과 무한한 시간 속에서 힘이 끝없이 운동을 한다면 어떤 모습이 전개될까? 공간이 유한하니 그 운동은 직선으로 진행되지 않을 것이다. 공간의 벽에 부딪혀 더 이상 뻗어 갈 수 없을 것이기 때문이다. 그러면 힘은 공간에 갇힌 채 그 안에서 운동을 할 것이고, 그 운동은 끝없이 돌고 도는 순환운동이 될 것이다. 그런 의미에서 영원할 수밖에 없다. 순환운동에서 모든 것은 만났다가 헤어지고 헤어졌다가 다시 만나는 일을 끝없이 반복하게 된다. 이 반복을 통해 존재하는 모든 것은 영원히 이미 있었던 상태로 회귀하게 된다.[17]

　　이러한 니체의 통찰은 이제 자연과학의 한계를 넘어 '우주 안에 있는 모든 것은 정지하는 일 없이 영원히 회귀한다'라는 철학적 깨달음으로 이어진다.

17　정동호, 『니체』, 455쪽 참조.

모든 것은 가고, 모든 것은 되돌아온다. 존재의 수레바퀴는 영원히 돌고 돈다. 모든 것은 죽고, 모든 것은 다시 소생한다. 존재의 시간은 영원히 흐른다.

모든 것은 부서지고, 모든 것은 다시 결합된다. 똑같은 존재의 집이 영원히 지어진다. 모든 것은 헤어지고, 모든 것은 다시 만나 인사를 나눈다. 존재의 수레바퀴는 이렇듯 영원히 자신에게 충실하다.[18]

그런데 이렇게 우리의 생이 아무런 의미도 목적도 없이 영원히 회 귀한다는 사상은 신의 죽음 이후에 근대인이 처한 니힐리즘의 상황을 극 단으로 몰아간다. 그리하여 마침내 인간을 하나의 궁극적인 결단의 상황 에 직면케 한다. 이러한 상황에서 만일 인간이 나약하다면 그는 영원회 귀 상태가 갖는 엄청난 무게에 짓눌려 파괴될 수도 있을 것이다. 그러나 만일 인간이 그것을 견디고 적극적으로 받아들인다면 그는 지상의 삶의 순간순간을 있는 그대로 긍정할 수 있는 힘, 즉 최고의 힘을 얻게 될 것이 다. 이렇게 니힐리즘 자체를 철저히 긍정함으로써 예전의 공허하고 무의 미하고 무가치한 삶 대신 모든 것이 의미로 충만하고 모든 순간이 절대적 인 가치를 지닌 삶으로 전환될 때, 니체는 그것을 '고전적 니힐리즘'이라 부른다.[19]

니체는 이러한 영원한 회귀를 우주 운행의 질서로 받아들여야 한

<hr>

18 KGW VI 1, 268~269쪽; 니체전집 13(정동호 역, 책세상, 2000), 364쪽.

19 박찬국, "니체: 인간은 자신을 초극해야 하는 존재다", 『인간에 대한 철학적 성찰』, 338~339쪽 참조.

다고 말한다. 이는 우리 자신의 운명을 받아들이라는 말과 같다. 우리의 운명에 대한 긍정은 그러한 운명을 타고난 우리 자신에 대한 긍정이 된다. 이 긍정과 함께 우리는 우리 자신의 운명을 사랑하게 되며 그 사랑에서 기쁨을 누리게 된다. 이것이 바로 운명에 대한 사랑, 곧 '운명애amor fati'이다. 니체는 이러한 운명에 대한 사랑이 자신의 마지막 사랑이 될 것이라고 선언한다.

> 그렇다! 나는 이제 필연적인 것만을 사랑하리라! 그렇다! 운명애가 나의 마지막 사랑이리라![20]

운명에 대한 사랑은 생에 대한 사랑이자 긍정이다. 이 긍정은 니체가 말하는 디오니소스적 긍정이다. 디오니소스적 세계는 영원히 자신을 창조하고 파괴하는 세계이다. 이러한 창조와 파괴에 대한 긍정에서 세상에 대한 체념과 비관은 사라진다. 그 같은 긍정을 잘 보여 주고 있는 것이 그리스 비극작품에 나오는 영웅들이다. 가혹한 운명 속에서도 생을 긍정하고 고양할 줄 알았던 그들은 파멸의 고통에도 불구하고 생은 파괴로 끝나지 않는다는 디오니소스적 지혜를 통해 영원한 창조의 기쁨을 누렸던 것이다.[21]

---

20   KGW V 2, 562쪽; 니체전집 12(안성찬·홍사현 역, 책세상, 2005), 704쪽.
21   정동호, 『니체』, 494~495쪽 참조.

5. 초인

니체는 영원회귀 사상을 펼치면서 '초인^{Übermensch}'을 오늘을 사는 인간이 성취해야 할 목표로 제시한다. 인간은 자신을 극복해 자신 위에 자신을 세워야 한다는 것이다. 초인은 전통적 형이상학이 빠져 있던 미망에서 벗어나 우리가 살고 있는 이 세계를 유일한 현실로 받아들이는 인간이다. 그는 깨어난 인간이자, 도덕적 가식에서 벗어나 있는 그대로의 삶을 사는 자유롭고 정직한 인간이며, 영원회귀를 우주의 운행 원리로 받아들이는 가운데 자신의 존재 의미를 찾고 모든 것을 가감 없이 수용하고 긍정하는 인간이다.[22]

초인이란 어떤 특별한 능력을 지닌 소수의 인간 유형을 의미하는 것이 아니라, 모든 가치들을 힘에의 의지라는 유일한 원천으로 전환시키는 과제를 받아들이면서 힘에의 의지를 궁극적으로 실현하는 인간 유형을 의미한다. 그것은 모든 인간들이 구현할 수도 있지만 어떠한 인간도 구현할 수 없는 인간 유형이기도 하다.[23]

이처럼 가능성의 존재로서 인간은 앞으로 나아가 초인이 될 수도 있고, 뒤로 물러나 금수만도 못한 존재가 될 수도 있다. 이런 점에서 인간은 중간적 존재이자 하나의 과정이다. 그는 짐승과 초인을 잇는 밧줄과 같고, 두 탑을 잇는 줄 위에서 곡예를 하는 광대와도 같다. 일단 줄 위에

22 　같은 책, 469~470쪽 참조.
23 　박찬국, "니체: 인간은 자신을 초극해야 하는 존재다", 『인간에 대한 철학적 성찰』, 349쪽 참조.

있다면 그는 목숨을 거는 모험을 감행해야 한다.[24]

> 저편으로 건너가는 것도 위험하고, 건너가는 과정, 뒤돌아보는 것, 벌벌 떨고 있는 것도 위험하며, 멈춰 서 있는 것도 위험하다.[25]

미완의 존재이면서 중간 존재이기도 한 인간은 아직은 아무것도 아니지만 무엇이든 될 수 있는 소재와 같다. 이제 신이 존재하지 않는 이 시대에 인간은 자기 자신을 스스로 만들어 가야 한다. 여기서 피조물인 인간은 조물주의 자리에 오르게 된다. 조물주 인간이 자신을 소재로 만들어 내야 하는 '인간 위의 인간'이 곧 초인이다. 이 초인의 탄생 과정, 즉 인간 정신의 삼 단계 변화 과정을 비유로 표현한 것이 '낙타-사자-어린아이'의 도식이다. 이것은 '정신이 어떻게 낙타가 되고, 낙타가 사자가 되며, 사자가 마침내 어린아이가 되는지'를 설명한 것이다.

낙타는 현실의 삶을 등진 채 초월적 세계와 신에 대한 신앙이라는 무거운 짐을 지고 힘겨운 삶을 살아가는 사람들을 상징한다. 사자는 초월적 이념과 이상으로부터 해방된 정신, 즉 신의 죽음을 통찰한 사람들을 가리킨다. 어린아이는 '해야 한다'라는 낙타 수준의 당위도 모르고, '하고자 한다'라는 사자 수준의 자기주장도 없으며, 단지 '나는 존재한다'라고 말할 뿐이다. 이는 존재에 대한 최고의 긍정이자 통찰로서, 이 단계에서

---

24   정동호, 『니체』, 522~523쪽 참조.

25   KGW VI 1, 10쪽; 니체전집 13(정동호 역, 책세상, 2000), 21쪽.

인간의 존재와 함께 세계의 운행은 있는 그대로 긍정된다. 이 경지가 초인의 경지이다.[26]

초인은 생을 병들게 하는 초월적 이념, 신앙, 도덕의 굴레에서 벗어나 건강을 되찾은 사람, 자연으로 돌아가 때 묻지 않은 삶을 사는 정직한 사람, 힘에의 의지를 자신의 존재 방식으로 받아들인 사람, 영원회귀에서 오는 니힐리즘을 극복한 사람이다. 이러한 초인의 경지에서 자신과 세계를 상실한 인간은 자신을 되찾고 세계를 되찾게 된다. 초인은 인간 모두가 이 땅에서 스스로의 힘으로 성취해야 할 개인적 이상이다. 해탈을 통해 누구나 부처가 될 수 있듯이 자기 극복을 통해 누구나 될 수 있는 이상적 유형의 인간인 것이다.[27]

---

26 정동호, 『니체』, 528~530쪽 참조. 다음 글은 니체가 "낙타, 사자, 어린아이"라는 상징적 표현을 통해 말하고자 하는 바를 또 다른 각도에서 설명해 준다.
"대부분의 사람들이 선택하는 삶은 기존 관습에 따라 기존 사회가 제공한 가치를 무비판적으로 받아들이고 낙타처럼 수동적으로 사는 것이다. 니체는 그런 사람을 '밑바닥 인간(Letzter Mensch)'[소인]이라고 불렀다. 이와 반대로 관습이나 전통적 가치관을 거부하고 사자처럼 적극적으로 모든 삶을 자신의 판단 아래 '치열하게' 꾸려 나가는 사람을 니체는 '빼어난 인간(Übermensch)'[초인]이라고 불렀다. 빼어난 인간으로 살기 위해서는 스스로 가치를 만들어 내야 하고, 그 가치를 스스로 이루기 위해서는 홀로 모든 것을 해 나갈 수 있는 '힘에 대한 의지(Wille zur Macht)'를 가져야 한다고 했다. 힘에 대한 의지는 우연을 의도적인 것으로 만들고, 사물을 고정된 죽은 것으로 보지 않고 부단히 변화하는 살아 있는 것으로 본다. 빼어난 인간은 힘에 대한 의지로 모든 사물을 음미할 수 있는 대상으로 만들어 새로운 가치를 창조한다. 그래서 빼어난 인간은 모든 것을 긍정적으로 보고 사랑한다.
그런데 우리의 삶은 '끊임없는 되풀이(ewigen Wiederkunft)'[영원회귀]로 이루어져 있다. 삶 속에서 위대한 것이든 사소한 것이든 모두 끊임없이(ad infinitum) 역겨울 정도로(ad nauseam) 되풀이된다. 빼어난 인간은 끊임없이 되풀이되는 삶을 적극적으로 인정해 받아들이고 사랑한다. 아니, 오히려 어린아이와 같은 순진무구함으로 매 순간의 삶을 기쁘게 바라보고 평범한 일상에서 놀랍도록 새로운 면을 찾아내고는 감탄한다. 그에게 중요한 것은 살아 있음을 느끼는 바로 그 순간인 현재뿐이다." [유재원, "조르바와 카잔차키스, 니체", 수록: 니코스 카잔차키스(유재원 역), 『그리스인 조르바』, 문학과지성사, 2018, 569~570쪽]
27 같은 책, 594~595쪽 참조.

1. 다음은 카뮈의 단편소설로 유명해진 '시시포스의 신화' 이야기이다. 이러한 시시포스의 삶에도 의미가 있는지, 있다면 그것은 어떤 것일지 토론해 보자.

그리스 신화에서 신의 뜻을 거역한 시시포스는 죽은 후 저승에서 가혹한 형벌을 받게 된다. 그것은 높은 바위산의 기슭에 있는 큰 바위를 산꼭대기까지 밀어 올리는 것이다. 그런데 시시포스가 온 힘을 다해 바위를 산꼭대기까지 밀어 올리는 순간, 바위는 다시 산 아래로 굴러 떨어져 버린다. 그러면 시시포스는 다시 바위를 밀어 올려야만 한다.

다시 굴러 떨어질 것을 뻔히 알면서도 산 위로 바위를 밀어 올려야만 하는 영겁의 형벌은 끔찍하기 짝이 없다. 언제 끝날지 기약조차 없는 시시포스의 무익한 노동 앞에는 헤아릴 길 없는 영겁의 시간이 놓여 있을 뿐이다.

시시포스가 바위를 산꼭대기까지 밀어 올려도 바위는 다시 원점으로 되돌아가는 일이 반복되지만, 시시포스는 이 일을 그만둘 수가 없다. 이것이 곧 인간의 운명이요 삶의 부조리이다. 자신의 노력이 아무런 보람도 없음을 뻔히 알면서도 이러한 형벌을 참고 견뎌야 하는 존재의 운명은 너무나 가혹해 보인다. 이런 운명, 이런 삶에도 어떤 의미가 있을까?

2. 다음 글에서 니체는 '금욕주의적 이상'이라는 표현을 통해 플라톤식의 형이상학, 그리스도교 신앙, 전통적 도덕에 대해 비판하고 있다. 니체가 생각하는 인간의 구원은 어디에서 찾을 수 있는가?

금욕주의적 이상을 제외한다면 인간은, 아니 인간이라는 **동물**은 지금까지 아무런 의미도 지니지 않았다. 지상에서의 인간의 생존은 아무런 목표도 없다. "도대체 인간이란 무엇 때문에 존재하는가?" 이것은 해답이 없는 물음이었다. 인간과 대지를 위한 **의지**가 결여되어 있는 것이다. 모든 거대한 인간의 운명의 배후에는 더욱 거대한 '헛되다!'라는 말이 후렴으로 울리고 있었다. 무엇인가 **결여되어 있다는 것**, 어마어마한 **균열**이 인간 주위를 감싸고 있다는 것, **이것이** 바로 금욕주의적 이상이 뜻하는 바이다. 인간은 스스로를 변명하고, 설명하고, 긍정할 줄 몰랐다. 인간은 자신의 의미의 문제 때문에 **괴로워했다.** 그러나 그의 문제는 고통 그 자체가 아니라, "**무엇 때문에** 고통스러워하는가?"라는 물음에 해답이 없다는 것이었다. 가장 용감하고 고통에 익숙한 동물인 인간은 고통 그 자체를 부정하는 것은 **아니다.** 만일 인간에게 고통의 **의미**나 고통의 **목적**이 밝혀진다면, 인간은 고통을 **바라고** 고통 자체를 찾기도 한다. 지금까지 인류 위로 널리 퍼져 있던 저주는 고통이 **아니라** 고통의 무의미였다. [여기에] **금욕주의적 이상은 인류에게 하나의 의미를 주었던 것이다!** 그것은 지금까지 유일한 의미였다. 어떤 의미가 있다는 것은 아무런 의미도 없다는 것보다는 낫다. 금욕주의적 이상은 어떤 점에서 보더라도 지금까지 있었던 최상의 '**어쩔 수 없는 것**'이었다. 그 이상을 통해 고통은 **해석되었다.** 어마어마한 빈 공간은 채워진 것처럼 보였다. 모든 자살적 허무주의에 대해 문이 닫혔다[해결된 것처럼 보였다]. [그러나 이러한] 해석은 새로운 고통을 가져왔고, 좀 더 깊고, 좀 더 내면적인, 좀 더 독이 있는, 삶을 갉아먹는 고통을 가져왔다. 이 해석은 모든 고통을 **죄**라는 관점 아래로 가져갔다. 그러나 그럼에도 불구하고 인간은 그것에 의해 **구출되었다**. 인간이 하나의 **의미**를 가지게 되었다. 인간은 그 후로 더 이상 바람에 날리는 나뭇잎 같은 존재가 아니었고, 불합리나 '무의미'의 놀이공이 아니었다. 이제부터 인간은 무엇인가를 **의욕**할 수 있었다. 어디를 향해, 무엇 때문에, 무엇으로 인간이 의욕했는가는 중요하지 않다. **의지 자체가 구출되었던 것이다.** 금욕주의적 이상에 의해 방향을 얻은 저 의욕 전체가 본래 표현하고자 한 **것**은 도저히 숨길 수가 없게 되었다. 인간적인 것에 대한 이러한 증오, 더욱이 동물적인 것, 더욱이 물질적인 것에 대한 이러한 증오, 관능에 대한, 이성 자체에 대한 이러한 혐오, 행복과 미에 대한 이러한 공포, 모든 가상, 변화, 생성, 죽음, 소망, 욕망 자체에서 도망치려는 이러한 욕망. 이 모든 것은, 감히 이것을 이해하고자 시도해 볼 때, **허무를 향한 의지**이며, 삶에 대한 적의이며, 삶의 가장 근본적인 전제들에 대항한 반발을 의미하는 것이다. 그러나 이것도 하나의 **의지**이며 하나의 **의지**로 남아 있다! 그래서 내가 처음에 말했던 것을 결론적으로 다시 한 번 말한다면, 인간은 아무것도 의욕하지 **않는 것**보다는 오히려 **허무**를 의욕하고자 한다.[28]

---

28 KGW VI 2, 『도덕의 계보』, 제3논문: 금욕주의적 이상이란 무엇을 의미하는가?, §28; 니체 전집 14(김정현 역, 책세상, 2002), 539~541쪽.

4장

셸러의 인간관

사랑의 공共수행을 통해서 드러나는 인격 가치

셸러Max Scheler(1874~1928)는 철학적 인간학이라는 개념을 실증적·경험과학적 인간학(인류학, 민속학, 정신분석학 등)에서 구별하여 현대 철학에 새로운 인간학의 이념을 제창한 인물이다. 다음 글을 통해 우리는 20세기 철학에서 그가 차지하는 비중과 그에 대한 평판을 짐작할 수 있다.

현대 유럽철학의 토대가 3명의 독일 사상가에 의해 놓이게 된 것은 20세기 초의 30년 동안이었다. 후설E. Husserl은 현상학으로, 셸러는 철학적 인간학으로, 하이데거M. Heidegger는 현존재론으로 그 토대를 놓았다. 이들의 영향은 그 이후의 모든 철학적 발전에 실질적인 도움이

Käthe Kollwitz, Solidarität, 1932

되었다. 막스 셸러가 현대철학 사상가들 중 가장 다재다능한 사상가라는 것은 의심의 여지가 없다. 그가 다룬 주제 영역들은 매우 넓은데, 여기에는 윤리학, 종교철학, 생물학과 심리학의 근본 이론, 형이상학, 인식론, 불교학설, 교육, 문화, 역사철학, 지식사회학, 종교, 과학, 실용주의, 자본주의 이론 등이 포함된다. 이 외에도 그는 사랑, 죽음, 경외, 수치, 여성 해방, 국가 이념, 동서양의 기독교 사상, 유럽의 문화적 재교화, 국민 심리학, 후회, 겸손 등과 같은 특별한 주제들을 다루는 데 항상 관심이 있었다.[1]

1. 새로운 인간학의 문제의식

셸러와 더불어 '이제 철학은 새로운 인간학으로부터 출발해야 한다'는 문제의식을 공유한 학자들이 있다. 이들은 대체로 독일 관념론, 특히 헤겔 철학에 반기를 들면서 의지의 철학, 생의 철학, 실존철학의 흐름을 이어 가는데, 이들의 문제의식은 다음과 같다.

첫째는 이성 중심의 주지주의에 대한 반대이다. 이성 대신에 인간을 내세우고 전인全人과 실존을 강조하는 철학적 인간학은 인간과 세계를 주지주의적 속박에서 구출하기 위해 스스로 반주지주의, 비이성주의를 표방하며, 의지·생명·충동에 주목한다.

---

1 M. S. 프링스(금교영 역), 『막스 셸러 철학의 이해』, 한국학술정보, 2002, 17~18쪽.

둘째는 지성 대신에 행위와 신체를 강조하는 입장이다. 이러한 입장은 신체의 중요성을 인정하고 신체를 단순히 동물적 관점에서 바라보는 견해를 벗어나 오히려 신체 속에서 풍부한 인간성을 발견하고자 한다. 또한 실재의 이해를 지적 추론 대신 의지 저항의 체험에서 찾고자 한다.

셋째는 단순한 관념론 또는 유심론의 입장을 넘어서려고 한다는 것이다. 유심론의 입장은 모든 존재를 '의식'에 주어진 소여로 여기지만, 철학적 인간학의 입장은 오히려 모든 존재를 '인간'에게 주어진 소여로 여긴다. 이때의 인간은 알고 느끼고 의욕하고 행동하는 구체적인 '전인'이다. '생명'을 철학의 중심 개념으로 삼는 입장에는 항상 이러한 특성이 수반된다. 한마디로 철학적 인간학은 의식과 존재, 정신과 물질, 주관과 객관의 대립 이전에 인간의 근본 현상에 주목하고 거기서 철학의 출발점을 찾으려 하며, 현실적이고 구체적인 인간을 통일적·전체적으로 파악하고자 한다.[2]

2. 셸러의 방법론: 현상학

19세기 말과 20세기 초 서구에서는 실증주의와 자연주의 사상이 위세를 떨쳤다. 자연주의는 과학적·실험적 방법으로 입증되고 물질적

2   이양호, 『막스 셸러의 철학』, 이문출판사, 1999, 35~37쪽 참조.

메커니즘으로 수량화된 것만을 학문이나 사실로 인정하는 노선으로서, 규범과 이념을 포함한 모든 영역에 광범위한 영향을 미쳤다. 그러나 이에 대해서는 곧 다음과 같은 비판이 제기되었다. 자연주의는 과학적 방법 이외의 모든 접근법을 무시하면서 자기들의 생각만을 일반화하는 일종의 유물론적 형이상학이며, 인간의 삶에서 가치 문제와 의미 문제를 배제함으로써 현대 문명의 위기를 초래하였다는 것이다. 이러한 비판에 앞장선 것이 현상학이다. 현상학은 실증주의와 자연주의를 비판하며 과학적 방법론의 한계를 넘어 우리의 구체적인 체험에서 의미의 원천을 재정립하려고 시도하였다.[3]

　현상학의 일차적 관심은 어떤 사상의 이론적 체계나 그 타당성을 고찰하는 데 있지 않고 우리의 생생한 체험과 그 내용을 탐구하는 데 있다. 따라서 현상학은 세계에 대한 형이상학적 설명보다 우리가 살면서 직접적으로 체험하는 세계에 관심이 있으며, 어떤 사물을 증명하려 하기보다 그것을 있는 그대로 보여 주고자 한다. 그러나 사물을 '있는 그대로' 파악하는 것은 쉬운 일이 아니다. 왜냐하면 우리는 언제나 대상을 특별한 관심과 욕망의 눈으로 바라보거나, 어떤 이론의 테두리 안에서 바라보는 경우가 많기 때문이다. 그러므로 사물을 그 자체로 순수하게 보기 위해서는 '순화'의 과정이 요구된다. 이것을 '환원'이라고 한다. 환원은 '본래의 상태로 되돌린다'는 뜻으로, 우리의 특별한 관심이나 욕망을 걸러 내고 대상을 바라보는 것을 가리킨다. 이는 의식과 대상의 관계를 있는 그대로

3　진교훈, 『현대 사회 윤리 연구』, 울력, 2003, 73쪽 참조.

드러내기 위해 필요한 과정이다.[4]

대표적인 환원의 방법으로는 '본질 직관'이 있다. '직관'이란 추론과 반대되는 개념으로서 사고의 단계나 과정을 거치지 않고 대상을 단번에 파악하는 것을 의미한다. '본질'이란 어떤 사물에서 그것의 특수성이나 우연성을 배제하고 그 사물로 하여금 바로 그것이 되게끔 하는 것eidos을 가리킨다. 본질 직관을 위해서는 무엇보다 그것을 방해하는 요소들을 배제해야 한다. 우선 역사적인 요소들, 즉 종교적·사회적 전통에서 유래한 일체의 선입견들을 배제해야 한다. 이것을 '괄호 침' 또는 '판단 중지epoche'라고 한다. 다음으로 실재적인 것도 배제해야 한다. 본질 직관은 감각에 의하여 개별적이고 특수한 사실을 파악하는 감성적인 직관이 아니며, 이성적으로 추리하는 사고도 아니다. 그것은 감각 소여나 이성적 추리가 아닌 직관을 통해서 사실이 아닌 본질을 파악하는 것이다. 다시 말해서 대상을 아무런 선입견 없이 자연스럽고 순수하게 관찰하는 것을 말한다.[5]

현상학의 창시자 후설에 의하면 이 본질 직관은 어떤 신비스러운 인식 작용이 아니라 우리가 일상적으로 행하고 있는 정신활동이다. 셸러는 후설이 제창한 이 방법을 적극적으로 활용하여 '마음의 논리'로 전개하면서 이를 정서적인 영역('정서적 직관')으로 확장시켰다. 이것은 귀납법이나 연역법 같은 논리적인 사고방식이 아니라 순수하고 절대적인 사실들을

4 　박승억, 『후설 & 하이데거』, 김영사, 2007, 88~90쪽 참조.
5 　진교훈, 『현대 사회 윤리 연구』, 85~86쪽 참조.

파악하는 직관의 방식이다. 셸러에 따르면 현상학적 환원은 단지 선입견들을 '배제'하거나 '보류'하는 차원을 넘어 '해방'의 의미를 갖게 된다. 이는 참다운 인식을 방해하는 모든 감성적인 것과 이성적인 것, 그리고 일상적인 편견들로부터 해방되는 것을 뜻한다. 이를 통해 정신을 흐리게 하는 모든 요소들이 지양됨으로써 정신은 이념적인 본질, 즉 본질적인 가치를 발견할 수 있게 된다. 순수한 정신적 본질 직관의 가장 높은 단계는 전인적 활동으로서의 '사랑'이다.[6] '사랑'에 대해서는 뒤에서 더 자세히 살펴보기로 한다.

3. 우주에서 인간의 지위

『우주에서 인간의 지위』에서 셸러는 "인간이란 무엇인가, 그리고 존재 가운데에서 인간이 차지하는 지위는 어떤 것인가?" 하는 물음이 자기 마음을 사로잡았다고 말한다.[7] 그는 이러한 문제의식을 가지고 '생명 세계 내의 인간의 위상'과 '인간을 다른 동물로부터 구분하는 본질'에 대해 탐구한다. 이제부터 그가 말하는 생명체들의 심리적 단계와 인간의 정신 작용에 대해 알아보자.

---

6   같은 책, 86~89쪽 참조.
7   막스 셸러(진교훈 역), 『우주에서 인간의 지위』, 아카넷, 2003, 9쪽 참조.

생명심리 구조의 네 단계

셸러는 두 가지 관점으로 인간을 설명한다. 하나는 생물학적 체계에 근거하여 인간을 동식물의 연장선상에서 바라보는 관점이고, 다른 하나는 인간을 동식물로부터 구분하는 본질이 무엇인지를 탐구하는 관점이다.

셸러는 생명체들의 생명심리적 구조를 전체적으로 조망할 때 비로소 인간의 특수한 지위가 잘 드러난다고 보면서, 생명체들이 지닌 심리적 힘과 능력을 다음과 같은 네 단계, 즉 감각충동, 본능, 연상적 기억, 실천적 지능으로 나누어 살펴본다.

생명심리적 구조의 최하 단계는 '**감각충동**'이다. 여기에 해당하는 것은 식물로서, 식물은 단지 성장하고 번식하려는 일반적인 충동만을 지닌다. 이러한 감각충동은 인간을 포함한 모든 동물에게도 있다. 그리고 이것은 어떤 생명체가 살아 있는 한 지속적으로 지니고 있는 근원적 충동이다. 감각충동은 정신활동을 포함한 생명체의 모든 활동을 가능케 하는 활력의 원천이다.[8] 두 번째 단계는 '**본능**'이다. 본능은 어떤 개체나 종의 생존을 위해 작용하는 목적지향적 성격을 가지고 있다. 이것은 생득적이고 유전적이며 이미 완성된 능력으로서, 습관이나 연습 같은 후천적 조치들로는 변경시킬 수 없는 것이다.[9] 세 번째 단계는 '**연상적 기억**'이다. 어떤 행동을 반복할수록 능숙해지는 경우, 그 생물은 연상적 기억을 가지

---

8 같은 책, 22~29쪽 참조.
9 같은 책, 30~37쪽 참조.

고 있다고 볼 수 있다. 파블로프$^{I.\ Pavlov}$가 말하는 조건반사가 대표적인 예이다. 식물은 이 능력을 가지고 있지 않다. 연상적 기억은 실천적 지능에 비교하면 고정성과 습관성을 지닌 보수적 원리로 보이지만, 본능에 비교하면 일종의 해방의 도구로서 생명을 풍요롭게 하는 새로운 차원을 열어준다.[10] 네 번째 단계는 '**실천적 지능**'이다. 이것은 선택 능력을 함축한다. 연상적 기억과 달리 실천적 지능은 반복이나 습관과 상관없이 새로운 상황을 예견하고 통찰할 수 있는 창의적인 사고를 의미한다. 도구를 사용할 줄 아는 침팬지의 능력에서 그 예를 볼 수 있다.[11]

생명체들은 위의 감각충동, 본능, 연상적 기억, 실천적 지능을 부분적으로 소유하고 있는데, 인간을 포함한 일부 고등동물은 이 네 가지를 모두 가지고 있다. 셸러는 이렇게 생물학적 관점에서만 인간을 설명하면, 실천적 지능을 지닌 유인원의 경우에서 보듯이, 동물과의 본질적인 차이점을 찾을 수 없다고 말한다. 따라서 생물학과 심리학의 원리를 넘어 완전히 다른 차원의 논의가 필요하다고 주장한다. 여기서 그는 인간을 다른 존재와 구별해 주는 본질로 '정신^{Geist}'의 개념을 제시한다.

정신

정신은 이성을 포함하여 "선의, 사랑, 후회, 경외, 정신적 경탄, 축복과 절망, 자유로운 결단을 포함하는 특정한 종류의 의지적이고 정서적

---

10 같은 책, 41~50쪽 참조.
11 같은 책, 52~55쪽 참조.

인 활동을 포괄"[12]하는 개념이다. 정신은 본질적 '자유'를 지니고 있어서, 어떠한 강제, 압력, 유기체적 예속, 생명 및 생명에 속하는 모든 것으로 부터, 심지어 자신의 충동적인 '지능'으로부터도 자유롭다. 정신적 존재 로서 인간은 자연의 인과필연성을 벗어날 수 있다. 그는 충동과 환경의 구속을 받지 않는다. 이를 '세계개방성'이라 한다.[13] 동물은 구체적인 현 실 속에 몰입해서 살기 때문에 거리를 두고 자신을 볼 수 없다. 따라서 자 신의 육체와 운동을 대상화할 수 없다. 반면에 인간은 스스로 자신의 정 신적 활동을 의식할 수 있는 '자기의식'을 가지며, 이로써 자신의 생리적 이고 심리적인 성질을 대상화할 수 있다. 이처럼 인간은 자기 자신까지 도 인식의 대상으로 삼음으로써 자기 자신과 세계를 초월할 수 있는 존재 이다.[14]

　　지금까지 셸러를 따라 생물 일반이 가지고 있는 생명심리적 단계 와 인간만이 가지고 있는 정신의 특성을 살펴보았다. 그렇다면 인간의 생 명심리적 측면과 정신적 측면의 관계는 어떠할까? 셸러에 의하면 이 두 가지는 서로 조화를 이룬다. 생명과 정신은 본질적으로 상이한 원리이지 만 인간에게서 서로 화합하고 있다. 그리고 인간다운 삶을 위해서는 생명 충동을 승화시켜 정신에 힘을 부여해야 한다. 이러한 인간화Menschwerdung 과 정을 통해 우리는 생명의 모든 본질 단계를 통합하여 보다 높은 가치를

12　같은 책, 63쪽.

13　같은 책, 64~67쪽 참조.

14　같은 책, 78~79쪽 참조.

실현할 수 있다.[15]

인격

셀러에 따르면 정신은 '순수한 활동성'으로서 스스로를 대상화할 수 없는 유일한 존재이다. 정신의 중심이 바로 '인격'이다.

> 정신의 중심인 인격은 대상적인 존재도 아니고 사물적인 존재도 아니며, 단지 끊임없이 자기를 스스로 실현하는 **활동들의 질서체**일 뿐이다. 인격은 단지 그의 활동 속에서만, 그 활동을 **통해서만** 존재한다. … 모든 심적인 것은 대상화될 수 있으나, 정신활동, 지향, 심적인 과정 자체를 바라보고 있는 자는 결코 대상화될 수 없다. … 타인의 인격도 인격인 한에서 대상화될 수 없다.[16]

인격은 특정한 시공간에 속하지 않으므로 현상계에 속해 있지 않다. 따라서 대상화될 수도 인식될 수도 없다. 인격은 오로지 진정한 이해와 공동 수행을 통해서만 파악할 수 있다.

인격의 가치는 모든 비인격적인 가치에 우선하는 최고의 가치이다. 정신과 인격은 가치를 파악하고 선을 실현하는 데에도 핵심적인 역할을 한다. 다음에 소개할 가치론에서도 인격의 역할이 강조된다.

---

15   같은 책, 116쪽 참조.

16   같은 책, 80쪽.

4. 실질적 가치 윤리학

셸러는 자신의 윤리학을 통해 칸트의 형식주의 윤리학을 극복하고자 한다. 그는 '아프리오리$^{a priori}$한 것은 반드시 형식적이고, 실질적인 것은 모두 경험적이기 때문에 실질적인 내용으로는 윤리학을 정초할 수 없다'는 칸트의 생각을 비판한다. 셸러에 따르면 선험적이면서도 실질적인 것이 존재하는데, 그것이 바로 '가치'이다. 이제 윤리학은 실질적 가치에 의해 정초되어야 하며, 이것이 바로 '실질적 가치 윤리학'이다.

셸러에게 있어 가치는 인간의 의식 작용과 상관없이 객관적이고 선험적으로 존재한다. 가치는 이념계에 존재하면서 현상계에 '가치질價値質'로서 나타나는 선험적이면서 실질적인 성질을 갖추고 있다. 그리고 가치들 사이에는 높고 낮음의 위계질서가 있다. 두 가지 가치가 있을 때 더 높은 가치를 실현하는 것이 선이고, 더 낮은 가치를 실현하는 것이 악이다.

그 밖에 가치는 현상계에 성질로서 나타나기 때문에, 우리는 가치를 이성이 아니라 감정을 통해서 접하고 감지할 수 있다. 왜냐하면 성질은 이성으로 다가갈 수 있는 것이 아니라 감정으로 다가갈 수 있는 것이기 때문이다. 즉 성질은 사고를 통해 파악할 수 있는 것이 아니라 오직 감지함^{fühlen}으로써 파악할 수 있는 것이다. 따라서 가치 파악에는 감정 작용이라는 정신 작용이 필요하다.[17]

━━
17 금교영, 『인격주의 윤리학』, UUP, 2001, 15쪽 참조.

가치의 서열

셸러에 의하면 선험적이고 실질적인 가치들 사이에는 서열이 존재한다. 이러한 가치의 서열을 정하는 데에는 직관적인 명증을 통해 알 수 있는 몇 가지 기준이 있다.[18] 첫째, 지속적인 가치가 변화하는 가치보다 높다. 가장 낮은 가치는 '가장 일시적인' 가치이고, 가장 높은 가치는 '영원한' 가치이다. 둘째, 많은 사람이 분할하지 않고 그대로 향유할 수 있는 가치가 높은 가치이다. 예술작품은 다수의 사람들이 감상하더라도 원래의 가치를 잃지 않으며 감상자 모두가 향유할 수 있다. 셋째, 다른 가치에 덜 의존할수록 높은 가치이다. 실용적 가치는 다른 가치를 얻기 위한 수단적 가치이지만, 정신적 가치는 그 자체를 목적으로 추구하므로 실용적 가치보다 높은 가치이다. 넷째, 만족의 정도가 클수록 높은 가치이다. 감성적 향락을 통해 느끼는 만족은 얕고 순간적이지만, 정신적 영역에서 느끼는 만족은 깊고 지속적이므로 후자가 더 높은 가치이다. 다섯째, 사람에 따라 상대적이지 않은 독립적인 가치가 더 높은 가치이다. 각 사람의 선호에 따라 좋거나 나쁜 가치보다 도덕적 가치처럼 누구에게나 좋은 가치가 더 높은 가치이다.

셸러에 따르면 가치는 일반적으로 네 가지로 분류할 수 있고, 그 가치들 사이에는 높고 낮음의 순서가 존재하는데, 낮은 가치부터 높은 가치 순으로 '감성적 가치', '생명 가치', '심적 가치', '정신적 가치', 그리고 '신

18 　막스 셸러(이을상·금교영 역), 『윤리학에 있어서 형식주의와 실질적 가치 윤리학』, 서광사, 1998, 134~145쪽 참조.

성한 가치'가 있다.[19]

　　가치들은 현상계에 항상 가치질로서 나타나기 때문에, 인간은 감정의 감지 작용을 통해서 그 가치를 감지하여 실용화한다. 이 일을 행하는 감정에는 네 가지가 있다. 감성적 감정, 생명 감정, 심적 감정, 정신적 감정이 그것이다. 이 네 가지 감정이 우리에게 공존하고 있으면서 때로는 감성적 감정이, 때로는 생명 감정이, 때로는 심적 감정이, 때로는 정신적 감정이 더 작용하기도 한다. 만약 감성적 감정이 더 작용한다면, 그 감정이 대칭적으로 지향하는 감성적 가치가 우리의 정신적 시야에 들어오고, 우리는 그 가치를 지향하고 추구하는 활동을 하게 된다. 생명 감정이 다른 감정보다 더 작용한다면, 생명 감정이 대칭적으로 지향하는 생명 가치가 다른 가치들보다 우리의 시야에 더 명확히 들어오고, 우리는 그 가치를 지향하고 추구하는 활동을 더 강화하게 된다. 심적 감정이나 정신적 감정도 이와 마찬가지로 움직인다. 그러므로 우리가 감성적 가치보다 생명 가치를, 생명 가치보다 심적 가치를, 심적 가치보다 정신적 가치를 지향하고 추구하기 위해서는, 혹은 그런 더 높은 가치들을 우리의 시야에 들어오게 하기 위해서는 더 높은 감정, 예컨대 감성적 감정보다 생명 감정을, 생명 감정보다 심적 감정을, 심적 감정보다 정신적 감정을 더 활성화해야 한다. 그런데 더 높은 감정을 활성화하려면 어떻게 해야 하는가? 여기서 '사랑'이 등장한다.[20]

19　같은 책, 154~156쪽 참조.
20　금교영, 『인격주의 윤리학』, 17~18쪽 참조.

사랑과 이해

이성주의적 관점에서 볼 때 사랑은 눈이 먼 것이다. 그러나 셸러에 따르면 오히려 사랑은 눈이 밝으며 이성이 볼 수 없는 것을 본다. 예를 들면 인격은 오직 사랑을 통해서만 열릴 수 있고 접근할 수 있다. 이성과 감정은 서로 보는 대상이 다를 뿐, 결코 감정이 이성에 비해 열등한 기능이 아니다. 앞에서 살펴본 것처럼 인격은 대상화될 수 없으며, 따라서 인식될 수도 없다. 인간의 경우 대상화될 수 있는 부분은 신체와 심리적 자아와 영혼뿐이다. 인간을 대상화하는 순간 인격은 우리의 시야에서 사라지고 만다. 인격은 사랑을 통해서도 역시 대상화될 수 없지만, 사랑 작용을 '뒤따라 수행'하거나 '함께 수행'함으로써 우리에게 주어질 수는 있다. 즉 인격의 가치는 단지 사랑 작용의 과정에서만 주어질 수 있다.[21]

사랑의 작용을 살펴보면 다음과 같다. 첫째, 사랑은 정신의 지향적 작용이다. 정신은 생명과 자연의 단계를 초월한 인간 특유의 작용인데, 사랑은 이 정신의 뚜렷한 지향 작용이다. 둘째, 사랑은 가치 고양 작용이다. 사랑은 대상이 지닌 긍정적 가치를 능동적이고 자발적으로 발굴하는 작용이다. 그에 따라 대상의 가치는 점점 더 상승하고 마침내 이상적인 모습에 도달한다. 사랑은 더 높은 가치를 정립하고 보존하며, 더 낮은 가치를 지양하고자 한다. 셋째, 사랑의 본질은 추구나 충동이 아니다. 추구는 그것의 만족과 함께 사라지지만, 사랑은 만족 후에도 동일하게 머문다. 사랑할수록 우리는 그 대상의 새로운 가치를 발견하게 되고, 사랑

21　막스 셸러(조정옥 역), 『동감의 본질과 형태들』, 아카넷, 2006, 549~550쪽 "역자 해제" 참조.

하고 사랑받는 사람은 모두 인격적으로 성숙해진다. 넷째, 사랑은 시간에 따라서 변하지 않는다. 변하는 사랑은 이해관계의 결과이며 거짓된 사랑에 불과하다. '도덕적인 사랑'은 그 사람이 지닌 속성이나 재능 때문에 그를 사랑하는 것이 아니라, 그가 지닌 것이라는 이유로 그것이 가치 있다고 생각한다. 이처럼 어떤 외적 특징이 아닌 인격 자체에 대한 사랑만이 영원을 보장할 수 있다.[22]

'이해'란 "한 정신적 존재가 다른 정신의 속성에 참여하는 근본 종류"[23]로서, 타인의 정신적 중심에서 나오는 그의 말, 표현, 행위 등을 직관 속에서 체험하는 것이다. 인격적 차원의 이해를 가능하게 해 주는 것은 무엇보다 인격의 가장 중심에서 나오는 사랑이다.

이른바 '복종'을 통해서, 또는 오로지 정신적 '사랑'의 태도에 의해서만 가능한 '이해'(여기서 이해란 모든 대상화 작용과는 정반대되는 말이다)를 통해서, 우리들 자신을 다른 인격의 의지 및 사랑과 '일체화'함에 의해서, 다른 인격의 자유로운 활동을 '뒤따라' 수행하고 또 '함께' 수행하는 것에 의해서만 오로지 타인의 인격에 자각적으로 관여할 수 있을 뿐이다.[24]

— 22 막스 셸러(조정옥 역), 『동감의 본질과 형태들』, 300~345쪽 참조.

23 같은 책, 447쪽.

24 막스 셸러(진교훈 역), 『우주에서 인간의 지위』, 81쪽.

마치 조각가가 특징 없는 재료 덩어리 속에서 아름다운 형상을 만들어 내듯이, 한 사람에 대한 인격적 이해와 사랑은 그 사람의 본질과 가치를 밝게 드러낸다. 인격적 사랑과 이해를 통해서 한 인간 속으로 더 깊이 들어갈수록 그 인격은 더욱 개성적이고 독특하고 다른 것으로 대체 불가능해진다. 이해를 통한 인격 사랑이 도덕적 가치를 결정한다. 따라서 "인격의 도덕적 가치는 인격이 가진 사랑에 비례한다."[25]

셸러가 보기에 이해는 '대상과 하나가 되어 함께 정신적 활동을 하는 것'이다. 따라서 이기적으로 자신의 이익만을 추구하는 사람은 '삶의 가치에 제대로 눈뜨지 못한 자'이다. 다른 사람을 진정으로 이해하고 그의 인격적 존엄성을 발견하며, 그를 있는 그대로 사랑하고 배려하는 삶만이 인간다우며 도덕적으로 가치 있는 삶이다.

가치주의, 감정주의, 인격주의

쾌락이나 행복을 추구하는 행위는 의무론적(법칙주의적) 관점에서 보면 도덕적 의무(도덕법칙) 대신 경향성을 따르는 나쁜 행위라고 평가될 수 있지만, 목적론적 관점에서 보면 인생의 궁극 목적인 행복과 직결되는 좋은 행위라고 평가될 수도 있다. 이렇게 도덕법칙을 기준으로 선악을 판단하는 의무론적 윤리학과 인생과 우주의 목적을 고려하여 선악을 판단하는 목적론적 윤리학(행복주의, 쾌락주의, 공리주의)은 서로 대립 관계에 있다. 셸러의 윤리학은 이 양자와 구분되는 제3의 새로운 윤리학으로서, 행복

25 막스 셸러(조정옥 역), 『동감의 본질과 형태들』, 339쪽.

과 같은 궁극 목적을 전제하지 않고 나름의 도덕적 가치의 위계질서에 따라 선악을 판단한다는 점에서 목적론적 윤리학과 다르며, 어떤 자명한 도덕법칙을 전제하지 않고 도덕법칙보다 논리적으로 선행하는 가치질서를 기준으로 삼는다는 점에서 의무론적 윤리학과도 다르다.[26]

　　셸러의 윤리학은 어떤 상황에서 더 높은 가치를 실현하려고 했는지 더 낮은 가치를 실현하려고 했는지에 따라 선악을 판단하기 때문에 '가치주의 윤리학'이라 할 수 있고, 그러한 가치를 인식하는 기능이 감정이므로 '감정주의 윤리학'이라 할 수 있으며, 가치 중에서도 인격적 가치를 모든 가치 위에 두기 때문에 '인격주의 윤리학'이라고도 할 수 있다. 이 경우에 가치는 선천적인 본질로서 단순히 주관적으로 존재하는 것이 아니라 객관적으로 존재하는 것이며, 선천적 직관의 감정을 통해 객관적으로 인식되는 것이다.

━━　26　조정옥, 『감정과 에로스의 철학: 막스 셸러의 철학』, 철학과현실사, 1999, 129~130쪽 참조.

1. 다음 인용문을 통해 셸러가 생각하는 인격의 특징을 파악해 보자.

인격이 주어지는 유일한 배타적 양식은 다만 **인격의 작용 수행 그 자체**(그리고 그 행위에 대한 자기반성의 작용 수행)뿐이고, 인격은 이 작용 수행 속에 살면서 동시에 자기 자신을 체험한다. 또는 다른 인격이 문제인 경우에도 인격이 주어지는 양식은 다른 인격의 작용을 '함께 수행Mitvollzug' 하거나 '뒤따라 수행Nachvollzug'하거나 '미리 수행Vorvollzug'하는 것이다. 이와 같이 다른 인격의 작용을 함께 수행하거나 뒤따라 수행하거나 미리 수행하는 것 속에서 대상화될 수 있는 것은 아무것도 없다.[27]

인격은 오직 **지향적 작용 수행 속에만** 실존하고 살고 있다는 사실이 **인격의 본질에 속한다.** 그리하여 인격은 본질적으로 "대상"이 아니다. 반대로 모든 대상적 태도는 (그것이 지각이든, 표상이든, 사유든, 상기든, 기대든 간에) 인격의 존재를 놓치고 만다.[28]

---

27 막스 셸러(이을상·금교영 역), 『윤리학에 있어서 형식주의와 실질적 가치 윤리학』, 461쪽.
28 같은 책, 464쪽.

2. 다음 두 편의 글은 '성적 사랑이란 본래 번식의 수단'이라는 당시의 자연주의적 해석을 거부하는 셸러의 견해를 담고 있다. '성적 사랑과 수치심'에 관한 셸러의 독특한 해석을 통해 드러나는 그의 인간관의 특징을 지적해 보자.

> **성적 사랑의 목적은 단순한 종족 보존이 아니라 종의 상승과 고귀화이다 — 사랑 없는 성은 종의 질적 상승이 아닌 단순한 재생산이다.** 이성을 서로 이끌리게 만드는 성적인 **사랑**, 가장 결정적인 표현을 성행위에서 발견하는 성적 사랑은 도대체 무엇인가? … 성적인 사랑은 인간의 질적 '**상승**'을 위해 가장 유리한 기회를 기대하는 형식을 가진 감정적인 가치 파악이다. 동시에 성적인 사랑은 생명 존재로서 과거에 있던 것보다 더 나은 인간을 감정적으로 미리 설계해보는 것이다. 그렇다. 성적인 사랑은 언제나 과거에 있던 것보다 새로운 것, 더 나은 것, 그리고 더 아름다운 것을 생산하려는 성향이 있고 그것을 추구하는 온생명 자체의 에로스와의 예기적인 감정 수용이다.[29]
>
> 셸러에 의하면 이성異性에 대한 사랑은 성 충동을 동반하지만, 성욕이나 성 충동과 사랑은 본질적으로 다르다. 사랑 작용이 지향하는 대상에 대해서 충동 역시 지향될 때 사랑이 가능하기는 하다. 그러나 충동에서 사랑이 발생하는 것은 아니다.[30]

---

29 막스 셸러(조정옥 역), 『동감의 본질과 형태들』, 246~248쪽.
30 같은 책, 568쪽 "역자 해제".

셀러에 의하면 부끄러움의 본질은 한편으로는 가치를 분별하는 높은 의식적 기능과 충동적인 낮은 추구 간의 긴장을 드러내는 감정이며, 다른 한편으로는 독자적 개인이 자신을 되돌아봄이며 일반적 종적 영역으로 추락하는 데 대한 자기보호의 필연성의 느낌이다. 부끄러움의 보편적 기능은 가치에 대해 무지한 낮은 충동이 우세하지 못하도록 억압하고, 그럼으로써 가치 인식 기능 일반의 보다 높은 원리가 자기 권리를 찾도록 보호하는 것이다. 예를 들면 수치심 가운데 가장 대표적이며 강렬하고 긴박한 성적 수치심은 가치를 지향하고 한 대상에 몰입하려는 사랑과, 단지 쾌락만을 지향하며 대상에 대해 무차별적인 충동 간의 갈등의 느낌이다. 이러한 성적 수치심은 고유한 독자적 개인으로서의 자아와 인간 종의 번식에 기여하는 한 생명체로서, 즉 보편자의 한 예로서의 자아 간의 갈등 속에서 좀 더 일반적이고 강력한 낮은 원리인 충동을 제어함으로써 더 독자적이고 높은 원리인 사랑이 우세하도록 돕는다. … 성적 수치심은 성 충동이 사랑하는 상대방으로 향하도록 하며 성 충동을 억제해서 성적 결합을 사랑이 충만한 시기로 연기하게 만든다. 성 충동은 완전한 성적 성숙 이전에 이미 만족을 추구하도록 강압하므로 성적 만족의 시기를 연기할 필요가 있다. 성적 수치심은 사랑을 느낄 수 있는 시기까지, 그리고 사랑에 적합한 대상을 선택할 때까지 충동적 요구를 제지한다. 결국 수치심은 파트너를 선택할 때 사랑을 기준으로 삼을 수 있도록 하여 인간 번식에서 질적 상승의 최적 조건을 마련하는 생물학적 기능을 한다.[31]

---

31 같은 책, 571~573쪽 "역자 해제".

Käthe Kollwitz, Selbstbildnis, 1934

5장

하이데거의 인간관

'죽음으로의 선구'를 통해 '존재 자체'에 눈뜬 인간

하이데거$^{Martin\ Heidegger}$(1889~1976)는 키르케고르와 니체의 영향을 받아 독일의 실존철학을 창시한 인물이다. 그는 후설의 뒤를 이어 현상학을 연구하는 과정에서 인간의 현존재^{Dasein}를 실존^{Existenz}으로 새롭게 해석함으로써 이른바 '기초존재론^{Fundamentalontologie}'을 세우고자 하였다.

하이데거에 따르면 이제까지의 철학은 존재에 대한 올바른 물음을 제기하지 못했다. 그 이유는 전통 철학이 '존재'가 아니라 '존재자'에 대해서만 관심을 가져 왔기 때문이다. 따라서 서양 철학의 역사는 존재 망각의 역사로 규정할 수 있다. 플라톤의 이데아론에서부터 니체의 니힐리즘에 이르는 철학의 역사가 이를 말해 준다. 이런 의미에서 철학의 역사는 진리의 상실, 세계의 붕괴, 인간의 소외를 야기했다고 볼 수 있다.

이에 하이데거는 인간이 실존을 통해서 자신의 '본래성'을 회복해야 한다고 주장한다. 인간은 자신의 '존재'와 진정으로 만날 때 비로소 자신의 본래적인 모습을 발견하게 된다는 것이다.[1]

1. 철학적 인간학에 대한 문제의식

하이데거는 『칸트와 형이상학의 문제』에서 오늘날 철학적 인간학의 문제점을 다음과 같이 지적한다.

> 그 어떤 시대도 우리의 시대만큼 인간에 대해 이렇게 많은, 또 이렇게 다양한 견해를 가진 적이 없었다. 그 어떤 시대도 우리의 시대만큼 인간에 관한 그 당시의 지식을 이렇게 매력적이고도 효과적인 방식으로 표현하는 데에, 그리고 이렇게 빠르고 쉽게 전달하는 데에 성공한 적이 없었다. 그러나 그 어떤 시대도 우리의 시대만큼 인간이 무엇인지에 관해 알지 못한 적은 없었다. 이리하여 인간은 오늘날 그 어떤 때보다도 더 문제시되고 있다.[2]

━━ 1 이서규, 『하이데거철학』, 서광사, 2011, 14~15쪽 참조.
    2 B. 몬딘(허재윤 역), 『인간: 철학적 인간학 입문』, 서광사, 1996, 15쪽에서 재인용.

오늘날 우리는 과거 어느 시대보다 인간에 관한 지식을 많이 가지고 있지만 인간에 대해서 더 모르고 있으며, 따라서 인간에 대한 물음을 더 절박하게 던질 수밖에 없다는 것이다.

하이데거에 따르면 단순히 인간에 관한 다양한 지식을 많이 모아 놓는 것만으로는 절대로 '인간이란 무엇인가'라는 물음에 제대로 답할 수 없다. 그러한 지식들을 모아 놓기 위해서라도 우선 인간에 대한 기본 전제, 즉 인간이 무엇인지에 대한 전이해前理解가 있어야 하기 때문이다. 하지만 기존 전통적 인간학의 배후에 놓여 있는 기본 전제는 인간을 해석하는 데 문제가 있다. 하이데거가 문제시하는 두 가지 전제는 다음과 같다.

첫째, 전통적 인간학은 아리스토텔레스 이래 인간을 '이성적 동물'로 간주하고 있다. 여기서 '이성적'이란, 언어 능력이 있다는 것을 말한다. 이는 인간을 이성적 차원에서만, 즉 형이상학적 차원에서만 다룬다는 것이다. 한편 '동물'이라는 표현에는 인간에 대한 생물학적 전제가 깔려 있다. 만일 인간을 동물과 관련지어 생각한다면 인간을 인간으로서, 즉 인간의 있는 그대로의 모습을 보지 않는 셈이다. 이런 이유로 하이데거는 인간을 가리키는 표현으로서 '현존재'라는 용어를 사용한다. '현존재'는 인간을 이성적, 감성적, 신적, 영적 등의 제한된 규정 아래에서가 아니라, 존재의 '지금[現]', 존재의 '거기', 존재가 '자기 자신을 드러내는 자리'로서의 인간이라는 규정 아래에서 탐구하기 위해 선택한 용어이다.

둘째 전제는 그리스도교적인 것으로서 '인간은 신의 모상'이라는 것이다. 인간학은 서구의 역사 2000년 동안 각인되어 온 인간에 대한 이러한 이해를 암암리에 수용하고 있다. 이에 하이데거는 이러한 인간학적 배경에서 인간을 바라보기보다 '사태 자체에로'라는 현상학적 원칙이 제시하는 대로, 즉 그러한 전제에서 벗어나 인간을 '있는 그대로' 보아야 한다고 주장하는 것이다.[3]

2. 현존재와 실존

앞에서 말했다시피 하이데거는 이제까지 철학에서 인간을 가리키는 말로 사용해 왔던 주체·의식·정신·영혼이라는 표현 대신 '현존재 Dasein'(거기에 있음)라는 용어를 사용한다. 그가 인간이라는 말을 쓰지 않는 것은, 이 말이 어떤 식으로든 선입견을 낳는다고 생각하기 때문이다. 하이데거에 따르면 현존재는 하나의 존재자이며, 다른 누가 아니라 바로 지금 우리 자신이다. 현존재는 전통 철학에서 말하는 것처럼 실체·자아·주관이 아니라, 때마다 자기 자신의 고유한 존재 방식에 내던져져 있는 존재자이다.

『존재와 시간』에서 하이데거는 현존재의 존재에 관한 물음을 제기하며 이른바 '현존재 분석론'을 전개한다. 현존재 분석론은 삶 자체가 하나의 존재 양식인데도 이를 존재론적으로 문제 삼지 않았던 당시의 철학에 대한 비판을 담고 있다. 생의 철학으로 불리는 딜타이, 후설, 셸러 등의 철학은 모두 철학적 인간학을 표방하며, 이러한 인간학은 여전히 인간

---

3 이기상, 『쉽게 풀어 쓴 하이데거의 생애와 사상 그리고 그 영향』, 누멘, 2010, 209~212쪽 참조.

을 '이성적 동물'로 규정하거나 '신의 피조물'로 파악하지만, 자신의 현존재 분석론은 인간의 존재에 대한 근원적인 물음을 제기한다는 것이다.[4]

현존재의 첫 번째 특징은 그것이 '가능적 존재$^{Zu-sein}$'라는 데 있다.

우리들 자신이 각기 그것이며 여러 다른 것들 중 물음이라는 존재 가능성을 가지고 있는 그런 존재자를 우리는 현존재라는 용어로 파악하기로 하자. (『존재와 시간』 22/7)[5]

그의 본질은 그 존재자가 각기 자신의 존재를 자기의 것으로 존재해야 하는 거기에 있기에, 현존재라는 호칭은 순전히 이 존재자를 가리키기 위한 순수한 존재 표현으로서 선택된 것이다. (『존재와 시간』 28/12)

하이데거에 따르면 현존재의 '본질'은 전통 철학과는 달리 그것의 '실존^{Existenz}'에서 파악되어야 한다. 즉 현존재는 그의 실존에 의해서 규정된 존재자이다. 실존이란 '현존재가 관계 맺을 수 있고 또 언제나 어떻게든 관계 맺고 있는 존재 자체' 혹은 '자신의 존재를 문제 삼을 수 있는 인간의 존재 성격'을 의미한다.

원래 실존이라는 낱말은 말 그대로 '실제적 존재' 또는 '사실적 존

---

4   이서규, 『하이데거철학』, 161~162쪽 참조.

5   하이데거의 『존재와 시간』의 인용은 번역본인 하이데거(이기상 역), 『존재와 시간』(까치, 1998)의 쪽수와 원본인 M. Heidegger, *Sein und Zeit*(Tübingen, 1972)의 쪽수를 "/" 표시와 함께 병기함.

재'를 뜻한다. 따라서 실존이라는 말은 '관념적 존재'나 '이념적 존재' 또는 '본질적 존재'에 대비되는 말로서, '현실 속에서 변화하는 구체적 존재'를 가리키는 것으로 이해되어 왔다. 그러나 하이데거에게 '실존'은 사물과 같이 그 본질이 한번 정해지면 더 이상 변할 수 없는 '존재 양식'을 뜻하는 것이 아니라, 자신의 존재를 스스로 만들어 갈 수 있는 '존재 가능'을 뜻한다. 인간은 자신의 존재가 한번 정해지면 그것으로 끝나 버리는 그런 존재자가 아니라, 스스로 자신의 가능성을 끊임없이 기획하면서 자신이 되고자 하는 장래 모습을 통해 자신의 현재 모습을 문제 삼는 존재자라는 것이다. 이렇게 인간은 자신의 존재를 그 가능성의 측면에서 끊임없이 문제 삼는 존재 성격을 가지고 있다.[6]

이렇게 자신의 존재를 문제 삼기 위해서는, 다시 말해 존재 물음을 물을 수 있기 위해서는 존재를 이미 '이해하고' 있어야 한다. 실제로 현존재는 자신이 존재할 수 있는 다양한 존재 방식들을 이미 이해하고 있으며, 그 방식들 가운데 특정한 방식들을 이미 선택해 왔다. 그런데 현존재의 존재 가능성은 연필이나 책상 같은 사물들이 가지는 다양한 '속성들'과는 다르다. 그러한 속성들은 그 가능성들이 이미 다 '실현된' 것들이거나 적어도 고정되어 버린 것들이다. 그러나 실존하는 현존재의 존재 가능성은 현존재가 그때마다 자신의 존재 가능성으로서 스스로 선택하거나 제외시키는 그러한 가능성이다. 이때 현존재가 자신의 존재 가능성을 스스로 선택하는 것을 가리켜 '본래성'이라 하고, 자신의 가능성을 스스로 선

---

6   이기상·구연상, 『『존재와 시간』 용어해설』, 까치, 1998, 163~164쪽 참조.

택하지 않고 남들이 살아가듯이 그렇게 떠밀려 살아가는 것을 '비본래성'
이라 한다. 다시 말해서 '본래성'은 현존재가 그의 존재에서 자기 자신을
선택하여 획득하는 것을 말하고, '비본래성'은 자기 자신을 상실하는 것을
말한다.[7]

3. '세계-내-존재'와 일상인

현존재는 본래성이나 비본래성 속에서, 또는 이 양자를 넘나들며
실존하는데, 이러한 존재 방식을 하이데거는 '세계-내-존재In-der-Welt-sein'
라고 부른다. 세계-내-존재는 현존재가 실존하기 위한 근원적이고 통일
적인 현상으로서, 여기서 현존재와 세계의 관계는 전통 철학에서와 같은
주관과 객관의 관계가 아니다. 즉 현존재가 눈앞의 존재자(세계)를 객관적
으로 지각하거나 이론적으로 인식하는 것이 아니다. 존재자를 이론적으
로 대상화하는 태도에서는 존재자와 우리의 생활세계Lebenswelt가 갖는 풍요
로움은 사라지고 우리에게 대상화되는 부분만 드러나게 된다. 하이데거
는 이러한 사태를 '탈세계화entwelten'라고 하는데, 여기서는 우리의 체험에
서 생이 박탈entleben된다.[8]

하이데거는 세계-내-존재로서 현존재가 세계 속에서 다양한 존

7   같은 책, 311쪽 참조.
8   박찬국, 『현대철학의 거장들』, 철학과현실사, 2005, 138쪽 참조.

재자들과 관계를 맺는다는 점을 강조한다. 현존재는 끊임없이 존재자들을 만나고 사용하고 돌보고 걱정한다. 이렇게 현존재가 다른 존재자들과 관계하는 방식을 '고려^{Besorge}'(신경 씀)라고 한다. 그러나 고려는 다른 존재자 자체를 위한 것이 아니라 현존재가 존재하기 위한 것이다. 다양한 존재자들을 고려하는 현존재는 끊임없이 자신의 존재를 염려하고 걱정하고 두려워하는 존재자이다. 이러한 현존재의 특성을 '염려^{Sorge}'라고 한다. 염려는 현존재가 자신의 존재를 실현하기 위해서 행하는 모든 행위를 가리킨다.[9]

또한 하이데거는 세계-내-존재로서의 현존재가 다른 존재자, 즉 다른 현존재와 함께 살아가는 '공동존재^{Mitsein}'라는 점에 주목한다. 공동존재로서 현존재는 타자와 올바른 관계를 형성하면서 살아갈 수도 있지만, 특히 현대의 대중사회 속에서는 타자로 인해 자신의 존재를 잃어버릴 수도 있다. 여기서 하이데거는 현존재가 일상성 속에 휩쓸려 버린 모습을 '일상인$^{das\ Man}$'(세상 사람)이라고 부르며 그 특징을 다음과 같이 설명한다.

우리는 남들이 즐기는 것처럼 즐기며 좋아한다. 우리는 남들이 보고 판단하는 것처럼 읽고 보며 문학과 예술에 대해서 판단한다. 우리는 또한 남들이 그렇게 하듯이 '군중'으로부터 물러서기도 한다. 남들이 격분하는 것에는 우리도 '격분한다.' '그들'은 어떤 특정한 사람들이 아니고, 비록 총계로서는 아니더라도, 모두인데, 이 '그들'이 일상성

9   이서규, 『하이데거철학』, 164쪽 참조.

의 존재양식을 규정해주고 있다. (『존재와 시간』 177/126f)

　　사실 하이데거가 말하는 일상인은 현대 사회 속에서 자신의 존재 의미를 상실하고 소외된 현대인을 가리킨다. 일상인으로서 우리는 보통 우리가 몸담고 있는 사회가 요구하는 틀에 따라서 산다. 흔히 우리는 주체적으로 자신의 삶을 영위한다고 생각하지만, 실은 사회적으로 승인된 사고방식과 생활 방식에 따라 살고 있는 경우가 대부분이다. 내가 어떤 대학에 가야 하는지, 어떤 부류의 사람과 결혼해야 하는지조차 주위 사람들이 지시해 주고 있으며 나는 대개 거기에 따른다. 내가 과연 그러한 삶을 선택해야 하는지를 묻기에 앞서 거기 따라가기에 급급한 것이다. 나는 세상 사람들이 생각하는 대로 생각하고 세상 사람들이 사는 대로 산다. 하이데거는 이러한 비본래적인 삶은 잡담과 호기심, 그리고 애매성에 의해 점철된 삶이라고 말한다. 잡담과 호기심에는 타인과 사태에 대한 진정한 이해나 관심이 결여되어 있다. 거기에는 항상 타인과 사태에 대한 애매하고 무책임한 추측만 있을 뿐, 애정 어린 이해와 관심, 그리고 함께 책임지려는 자세는 존재하지 않는다.[10]

　　일상적인 삶에서 존재자들은 우리가 추구하는 목적에 적합하거나 적합하지 않은 것으로 나타난다. 다시 말해서 도구적 의미를 가진다. 이 경우 존재자들은 서로 목적과 수단의 관계로 얽혀 있다. 하이데거는 존재자들 간에 성립하는 이러한 목적-수단의 관계 전체를 '세계'라고 부른다.

10　박찬국, 『현대철학의 거장들』, 136~137쪽 참조.

그러나 이것이 세계의 모든 국면은 아니다. 존재자들이 도구적인 의미만을 가진 것으로 나타나는 곳은 '일상적인 세계'이며, 일상적인 세계를 넘어선 '근원적인 세계'에서 존재자는 전적으로 다르게 나타난다. 사람들이 자신의 개인적인 이해관심을 추구하는 데 몰두하고 있는 일상적인 삶에서는 자신을 제외한 모든 존재자들이 도구로 나타나는데, 이러한 일상적인 삶을 하이데거는 비본래적이고 퇴락한(무언가에 '빠져 있는') 삶이라고 부른다. 그러나 모든 존재자들이 서로 하나의 통일된 전체를 이루면서 한갓 도구로서가 아니라 그 자체로서 드러나 있는 상태를 그는 '진정한 의미의 세계'라고 부른다. 일상적인 세계에서 존재자들은 나에게 낯익고 자명한 모습으로 나타나지만, 근원적인 세계에서 존재자들은 마치 처음 보는 듯 낯설고 경이로운 모습으로 나타나게 된다.[11]

4. 불안과 '죽음으로의 선구'

이제 하이데거는 현존재의 비본래적인 '일상성'으로부터 본래적인 '근원성'으로 시선을 돌린다. 이러한 이행을 가능하게 해 주는 것은 죽음이다. 죽음이라는 절대적인 한계상황은 우리로 하여금 비본래적인 삶과 세계의 공허함을 깨닫게 함으로써 '자신의 가장 고유한 존재 가능성'에 이르는 길을 열어 준다. 물론 이때 죽음은 생물학적인 사실로서의 죽음을

---

11 같은 책, 139~141쪽 참조.

의미하는 것이 아니다. 실제로 죽음에 이르면 현존재는 이미 현존재가 아니게 되므로, 일단 죽어 본 다음에 현존재의 본래성을 논하는 것은 불가능하다. 죽음이 현존재에게 의미 있게 존재하는 방식은 '죽음을 향한' 실존적인 존재의 경우에서뿐이다. 이때 죽음이란 현존재가 '종말에 이르렀음'을 의미하는 것이 아니라, 현존재가 '종말을 향한 존재임'을 의미하는 것이다.[12]

우리에게 죽음은 가장 확실한 가능성이다. 사람들은 자신이 죽을 것이라는 사실을 잘 알고 있다. 또 다른 사람들의 죽음을 보면서 이것을 확인한다. 그런데도 '자신은 아직 죽지 않았다'고 안도하면서 죽음이 자신에게는 아직 먼 사건인 것처럼 생각한다. 사람들이 이렇게 생각하는 것은 실은 자신이 죽음에 처해 있다는 사실을 잊고 싶기 때문이다. 죽음은 특히 '불안Angst'이라는 기분(심정)을 통해 절실하게 드러난다. 우리는 보통 일상적인 삶에서 현존재의 '퇴락Verfall'이라는 방식으로 이러한 절박함에서 '도피'하고 있다. 죽음으로부터의 도피는 결국 불안이 대두하지 못하게 억누르는 것을 의미한다.

사람들은 이렇게 말한다. "죽음이 다가온다는 사실은 확실하다. 그러나 지금 당장은 아니다." 이 '그러나'라는 말로써 '그들'은 죽음의 확실성을 부인한다. "지금 당장은 아니다"는 단순한 부정적 진술이 아니

---

12   이수정, "하이데거: 인간은 존재의 진리를 지키는 파수꾼이다", 소광희 외, 『인간에 대한 철학적 성찰』, 문예출판사, 2005, 422~423쪽 참조.

라 '그들'의 자기 해석이다. … 이렇게 '그들'은 "죽음이 어느 순간에건 가능하다"라는 이 죽음의 확실성의 고유함을 은폐한다. 죽음의 확실성과 죽음의 [들이닥침의] '언제[시점]'의 '무규정성'은 같이 간다. 일상적 죽음을 향한 존재는 이 무규정성에 규정성을 부여함으로써 그 무규정성을 피해 간다. (『존재와 시간』 345/258)

이러한 도피의 상황은 현존재가 '죽음을 향한 비본래적인 존재'에 머물러 있음을 의미한다. 그러나 현존재에게는 '죽음을 향한 본래적인 존재'의 가능성도 열려 있다. 그 계기는 '불안'과 '선구'를 통해 주어진다.

'불안'을 통해 현존재가 그동안 안주해 온 일상적인 세계는 의미를 상실한다. 그가 이제까지 집착해 왔던 모든 것들, 예컨대 돈·명예·가족·사회·국가·인류 심지어 신조차 더 이상 의미를 가질 수 없게 된다. 여기서 현존재는 고독한 단독자로서 자신 앞에 서게 된다. 그는 그동안 '자신이 존재한다'는 사실을 당연한 일로 여기면서 세계-내-존재로서 자신의 안전과 지위와 번영을 누리는 데에만 관심을 가져 왔다. 하지만 불안 속에서 그는 회피할 수 없는 죽음 및 세상사의 물거품 같은 허망함과 마주하게 된다. 여기서 '인간 현존재의 섬뜩한 곳에서 외치는 소리'인 양심은 인간이 일상적으로 사로잡혀 있는 세계, 즉 비본래적인 것에 빠져 있는 세계로부터 인간을 끄집어내어 자신의 가장 본래적인 가능성 앞에 세워 놓는다. 인간은 '죽음을 각오한 결단' 속에서 그 자신이 되며, 자신의 '허무한 실존'을 받아들이면서 자기 자신이 된다. 이제 그는 '자신이 존재한다'는 사실을 가장 큰 수수께끼로 경험하게 된다. 그는 그 어떤 존재자로도 대체될 수 없는 자신의 고유한 본래적인 존재 가능성에 눈뜨게 되는 것이다. 불안을 통해 죽음의 민낯과 마주하는 것은 고통스러운 일이지만, 이러한 고통을 용기 있게 받아들임으로써 우리는 새로운 인간으로 거듭나게 된다.

'선구Vorlaufen'란 어떤 가능성에로 앞질러 달려감으로써 그것의 현실화를 도모하는 것이다. '죽음으로의 선구' 즉 '죽음으로 자각적으로 미리 달려가 봄'으로써 현존재는 본래적인 실존으로 비약할 수 있다. 이를 통해 불안이라는 기분은 기쁨으로 전환된다. 그리고 이러한 기쁨 안에서 모든 존재자들의 고유한 존재가 자신을 드러내는 근원적인 세계가 열린다. 현존재의 존재가 탄생에서 죽음에 이르는 유한한 시간 속의 '일상성'을 의미한다면, 죽음으로의 선구는 현존재가 자신에게 주어진 유한한 시간을 자신만의 일회적인 시간으로 경험함으로써 그의 '전체성(본래성)'을 회복하게 됨을 의미한다. 이리하여 그는 매 순간 죽음으로 선구하면서 자기 삶이 죽음 앞에서도 의미를 잃지 않도록 항상 깨어 있고자 한다. 이러한 노력을 통해 모든 존재자들이 자신의 진리를 드러내는 상황, 즉 '본래적 현재'를 하이데거는 '순간Augenblick'이라고 부른다. 이러한 '순간'에 현존재는 무한히 이어지는 물리적 시간의 차원을 벗어나 자신의 진정한 통일성과 전체성을 경험하게 된다. 비본래적인 실존의 일상성에서 벗어나 탄생에서 죽음에 이르는 자신의 존재 전체를 긍정하면서 그것과 하나가 된다.[13]

이렇게 죽음으로의 선구를 통해 우리 앞에 개시되는 근원적 전체

---

13   박찬국, 『현대철학의 거장들』, 149~150쪽 참조.

로서의 세계를 하이데거는 '존재 자체'라고 부른다. 이러한 존재 자체는 시간성을 초월한 보편적이고 추상적인 이성을 통해서 드러나는 것이 아니라, 탄생과 죽음 사이의 유한한 시간 속에 던져져 있고 죽음 앞에서 전율하는 구체적인 인간을 통해서 드러나는 것이다.[14]

　　이제 이러한 '순간'에 '본래적 현재'의 삶을 살아가면서 '존재 자체'에 눈뜬 인간은 비트겐슈타인[L. Wittgenstein]의 말처럼 자신의 존재와 세계의 존재 자체를 신비로움과 경이로움으로 바라보게 될 것이다.

　　죽음은 삶의 사건이 아니다. 죽음은 체험되지 않는다.
　　만일 우리가 영원[eternity]이란 것을 무한한 시간 지속이 아니라 무시간성[timelessness]으로 이해한다면, 현재 속에 사는 사람은 영원히 사는 것이다.[15]

　　세계가 '어떻게' 있느냐가 신비스러운 것이 아니라, 세계가 있다는 '것'이 신비스러운 것이다.[16]

　　영원의 상 아래에서[sub specie aeterni] 세계를 본다는 것은 세계를 전체 —한계 지어진 전체— 로서 본다는 것이다.

14　같은 책, 151~152쪽 참조.
15　비트겐슈타인, 『논리 · 철학 논고』, § 6.4311.
16　같은 책, § 6.44.

한계 지어진 전체로서의 세계에 대한 느낌은 신비스러운 느낌이다. [17]

죽음조차 넘어선 영원한 삶의 시각에서 삶과 세계를 바라볼 때, 우리는 그것이 '어떻게' 있느냐와 같은 일상적 세계 속의 관점에서 벗어나 삶과 세계를 근원적 전체로서 볼 수 있을 것이며, 그것은 세계가 '지금-여기' 있다는 것에 대한 신비스럽고 경이로운 느낌으로 다가올 것이다. 그리고 그런 자에게는 더 이상 삶의 문제도 존재하지 않을 것이다. 말하자면 그는 "현존재의 목적을 성취한 만족한 자, 행복한 자"[18]일 것이다.

5. 시인으로서의 삶

서양 근대 철학의 특징 중 하나는 그것이 주체(또는 주체성)의 철학이라는 것이다. 잘 알려져 있듯이, 데카르트는 생각하는 자기 존재의 확실성을 근거로 이성적 추리를 통해 그 밖의 진리들을 하나하나 연역해 나갔다. 그의 '나는 생각한다'로부터 시작된 주체의 철학은 이제 생각하는 주체(자아)와 생각되는 대상(세계)의 분리를 가져왔고, 이로써 근대 철학은 '주관이 어떻게 있는 그대로의 대상을 알 수 있는가?'라는 과제를 가지고 씨름하는 '인식론'으로 발전하게 된다. 그러나 이러한 철학은 이미 그 출발

---

17 같은 책, § 6.45.

18 비트겐슈타인, 『일기』, 1916. 7. 6. in: L. Wittgenstein, *Notebooks 1914~1916*, trans. by G. E. M. Anscombe, Oxford: Blackwell, 1961.

에서부터 불가피하게 회의론과 불가지론을 내포하고 있었다. 왜냐하면 인식론은 '주-객'이 이미 분리된, 그리하여 '주-객'이 아직 분리되지 않았던 신성한 세계를 상실한 인간의 운명을 예고하고 있었기 때문이다. 다시 말해서, '나'라는 존재가 주변 사물이나 사람들과의 관계로부터 따로 떨어져 인식될 수 없었던 삶의 구도에서 이제는 독자적인 자의식을 지닌 '나'가 내 밖의 대상 세계를 나의 눈으로 바라보는 구도로 바뀌었기 때문이다. 이처럼 자의식이 분명해질수록 어떤 면에서 우리는 다른 존재를 이해하기가 점점 더 힘들어진다고 할 수 있다. 그리고 이것은 근대적 세계관이 낳은 불가피한 결과이기도 하다.[19]

하이데거에 따르면 이렇게 인간이 주체로 들어서게 되면서 이제까지 인간이 몸담고 살아가던 대자연, 즉 신비스러운 원천인 '존재'는 완전히 망각되고 말았다. 존재자 전체와의 근원적 유대감은 상실되고 '경이'라는 근본 기분도 상실되었다. 그 결과 근대는 회의와 불안과 절망이 지배하는 시대가 되었다. 이제 근대인에게 남은 대안은 우리가 가장 신뢰할 수 있는 이성의 빛을 통해 자신이 안심하고 살 수 있는 영역을 넓혀 나가는 일뿐이다. 과학과 이성의 힘으로 사물에 대한 지배를 넓혀 나가는 삶의 방식을 통해 인간은 행복해질 수 있을까?

하이데거가 보기에 현존재가 가져야 할 태도는 사물에 대한 지배가 아니라 사물에 대한 경외와 경이이다. 그것은 과학자의 눈이 아닌 시인의 눈으로 세계와 사물을 바라볼 때 가능하다. 과학에 의해 파악되는

■■ 19 박찬구, 『개념과 주제로 본 우리들의 윤리학』, 개정판, 서광사, 2015, 236~237쪽 참조.

세계와 사물은 근원적인 세계가 갖는 풍요로움과 충만함이 사상捨象된 메마르고 추상적인 어떤 것이다. 반면에 시인이 경험하는 세계와 사물은 세계와 사물의 근원적인 모습이다. 과학적인 언어는 존재자들의 고유한 진리를 드러내는 언어가 아니라, 인간의 이해득실이라는 관점에서 본 존재자의 단면만을 드러내는 언어이다. 이런 의미에서 그것은 '정보언어'이며, 세계를 철저하게 과학기술적으로 조직하고 처리할 수 있는 세계로 드러내려는 언어이다. 반면에 시는 존재자들의 진리를 드러내는 언어이며 인간을 인간답게 존재하게 하는 본질적인 언어이다. 과학언어가 세계와 존재자들을 지배 가능한 대상으로 환원하려는 언어라면, 시는 세계와 사물들의 진리를 드러냄으로써 인간이 세계 및 존재자와의 근원적인 친밀함을 경험하게 하는 언어이다.[20]

하이데거에 따르면, 인간은 본래 시인이며 지상에 시인으로서 거주해야 한다. 인간이 시인으로 살지 않고 단순히 과학자나 기술자로 존재하는 한, 그는 자기도 모르는 사이에 항상 자신에 대한 불만과 불안, 권태에 사로잡히게 된다. 그리고 여기서 벗어나기 위해 자신을 비롯한 모든 존재자에 대한 지배와 남용을 추구하게 되며, 그 결과 갈등이 끊이지 않는다.[21] 근대 이후 자연에 대한 기술 지배의 과정은 자연과 인간 자신이 황폐해지는 과정의 연속이다. 이러한 현대 문명의 위기는 근대의 과학기술적 세계관을 극복함으로써만 가능하다. 이제 우리는 잃어버린 시적 감

---

20   박찬국, 『들길의 사상가, 하이데거』, 동녘, 2004, 251~253쪽 참조.
21   같은 책, 257쪽 참조.

수성을 되찾아 망각된 존재자 전체의 소박하면서도 충만한 세계, 즉 우리의 '고향'[22]인 근원적인 '생활세계'로 돌아가야 한다. 이것은 우리가 시인, 즉 예술가로서의 삶을 살 때 비로소 가능해진다.

"예술은 인간의 천성이며, 천성은 신의 예술이다." – 보들레르

---

22   하이데거에게 '고향'은 현대 기술 문명에 대한 대칭 개념이다. 현대의 기술 세계가 인간을 비롯한 모든 존재자들을 계산 가능한 에너지원으로서 무자비하게 동원하는 세계라면, 고향은 인간과 모든 존재자들이 자신의 고유한 존재를 발현하면서도 서로 간에 조화와 애정이 지배하는 세계이다(박찬국, 『현대철학의 거장들』, 127쪽 참조).

생각해 볼 문제

1. 다음은 톨스토이의 단편 〈이반 일리치의 죽음〉의 개요이다. 이 소설의 메시지를 하이데거의 '죽음으로의 선구'라는 개념을 통해 해석해 보자.

이반 일리치라는 사나이가 있었다. 그는 유능한 판사로서 예의 바르고 친절하고 명랑하여 모든 사람에게 인기가 있었다. 그는 상류층 사람들의 삶의 방식을 열심히 모방하였고 그들의 총애를 받았다. ⋯ 모든 것이 순조롭게 진행되던 어느 날 이반 일리치는 불치의 병에 걸렸다. ⋯ 그는 자신이 죽어간다는 것을 알고서 절망에 빠졌다. 그는 자신이 왜 죽어야 하는지 죽음에는 어떠한 의미가 있는지 이해할 수 없었다. 그는 이미 그전에도 '모든 인간은 죽는다'는 사실을 알고 있었지만 그것은 자명하고 당연한 일이라고 생각했었다. 그는 '인간 일반이 아닌 자기 자신이 죽는다'는 사실을 절실하게 생각해본 적이 없었다. 그는 자신이 죽는다는 사실을 절절히 실감하면서 그것을 자명하면서도 당연한 사실로 받아들이지 못하였다. ⋯ 육체적인 고통과 죽음에 대한 공포로 괴로워하던 어느 날 이반 일리치는 자신의 영혼의 목소리를 듣게 되었다. 그 목소리는 '그대는 무엇을 원하는가?'라고 물었다. 이반 일리치는 "이제까지 내가 살아왔듯이 그렇게 편안하고 유쾌하게 살고 싶다"라고 대답했다. 그 목소리는 "편안하고 유쾌하게 살았을 때는 어떤 식으로 살았는가?" 하고 다시 물었다. 이반 일리치는 상상 속에서 자신의 과거에서 가장 행복하고 멋진 순간을 기억해내려 애썼지만, 아주 먼 소년 시절의 기억들을 제외하고는 모든 것이 혐오스럽게만 느껴졌

하이데거의 인간관

다. 현재에 가까이 올수록 상황이 더욱 나빠졌고 삶이 불행한 것으로 드러났다. 그는 자신의 삶이 역겨운 것이었음을 발견하고 환멸을 느꼈다. 그렇지만 그는 자신이 아무런 죄도 없고 자신의 의무를 충실히 이행해왔는데도 왜 이렇게 공허감과 고뇌 속에서 죽어야 하는지 항변했다.

그러나 그는 자신의 삶을 냉정히 돌아보면서 마침내 자신의 삶이 올바르지 않았다는 사실을 깨달았다. 자신의 공직생활, 자신의 삶 전체, 그리고 자신이 추종했던 상류층의 관습과 사고방식 모두가 잘못되었다는 사실을 자각하게 된 것이다. 그는 자신에게 주어진 삶을 허비해버렸다는 사실을 발견했다. 그리고 그는 자기 주변 사람들, 자신의 아내와 딸, 친구들에게서 과거의 가식적인 자신을 발견했다. 그는 자신의 삶을 참회하며 아내에게도 용서를 빌었다. 그는 가족들이 가엾다고 느꼈고 그들의 고통을 덜어주려고 노력했다. 그러자 고통과 죽음에 대한 공포가 사라졌다. 죽음 대신에 그는 광명을 발견했다. 그는 자신의 영혼의 목소리가 '그래, 이제 죽음은 끝났다!'라고 말하는 것을 들었다. 이반 일리치는 '죽음은 더 이상 존재하지 않는다'라고 자신에게 말하면서 죽었다. 이때 그의 나이 마흔다섯이었다.[23]

---

23 박찬국, 『들길의 사상가, 하이데거』, 70~75쪽.

2. 다음은 프란츠 카프카^{F. Kafka}의 한 단편소설집에 나오는 이야기이다.²⁴ 이 글을 읽고 아래 물음에 답해 보자.

율법 앞에서

율법 앞에 문지기 한 명이 서 있다. 시골에서 올라온 남자 하나가 이 문지기에게 다가와 율법 안으로 들어가게 해 달라고 부탁한다. 그러나 문지기는, 지금은 출입을 허락해 줄 수가 없노라고 말한다. 그 남자는 생각을 좀 해 본 후 그러니까 나중에는 들어갈 수 있는 거냐고 묻는다. "가능하지. 그러나 지금은 아니지"라고 문지기는 말한다. 언제나 그러했듯 율법으로 들어가는 문은 열려 있고 문지기가 옆으로 비켜나 있으므로 그 남자는 몸을 구부려 그 안을 들여다보려 한다. 그것을 본 문지기는 웃으며 말한다. "그렇게 마음이 동하면 내 금지에도 불구하고 들어가 보지 그래. 그러나 내가 힘이 세다는 걸 명심하라구. 그리고 내가 제일 말단 문지기에 지나지 않는다는 걸. 홀을 지날 때마다 더 막강한 문지기들이 서 있지. 나조차도 이미 세 번째 문지기를 감당하지 못하지." 그 남자는 그런 어려움이 있으리라고는 생각지 못했었다. 율법은 모든 사람에게, 그리고 언제나 접근 가능한 것이어야 하지 않는가. 이렇게 생각하지만 그러나 지금 끝이 날카로운 큰 코에다 가느다란 검은 타타르인(人) 수염을 길게 기른 모피 외투 차림의 문지기를 좀 더 자세히 관찰하면서 그는 차라리 입장 허가를 받을 때까지 기

24　프란츠 카프카(김영옥 역), 『오드라덱이 들려주는 이야기』, 문학과 지성사, 1993, 216~219쪽.

다리는 게 낫겠다고 결심한다.

문지기는 그에게 등받이가 없는 낮은 의지 하나를 주어 문 옆에 앉도록 한다. 그는 그 의지 위에 몇 날이고 몇 년이고 앉아 있다. 여러 번 입장 허가를 얻어 내려 시도하며, 들어가게 해 달라고 사정함으로써 문지기를 피곤하게 만든다. 문지기는 종종 남자를 가볍게 심문한다. 고향에 대해 꼬치꼬치 캐묻는 외에도 이 것저것 많은 질문을 한다. 그러나 그 질문들은 다 형식적인 것들이다. 높은 어르신네들이 던지는 질문들이 늘 그러하듯이 말이다. 질문 끝에 그가 하는 말은 언제나 똑같다. 아직은 들여보내 줄 수 없다는 것이다.

여행을 위해 많은 준비를 했던 그 남자는 문지기를 매수하기 위해 모든 것을 사용한다. 그것이 아무리 귀중한 것이라도. 문지기는 그 모든 것을 받기는 하지만, "내가 이것을 받는 것은 당신이 뭔가 할 수 있는 일을 놓쳐 버렸다는 생각을 갖지 않도록 하기 위해서일 뿐이야"라고 덧붙이는 걸 잊지 않는다. 그 긴 세월 동안 남자는 문지기를 거의 끊임없이 관찰한다. 다른 문지기들은 다 잊어버리고 이 문지기가 자신이 율법 안으로 들어가는 데 방해가 되는 유일한 존재라고 생각한다. 처음 몇 년 동안에는 앞뒤 사정 볼 것 없이 큰 소리로 이 불행하기 짝이 없는 우연을 저주하나, 늙게 된 나중에는 혼잣말처럼 투덜거릴 뿐이다.

그는 어린아이처럼 된다. 그리고 문지기를 수년간 연구하면서 그의 외투 깃에 사는 벼룩들까지 알게 되었으므로 이제는 벼룩들한테까지 자기를 좀 도와 달라고, 문지기의 마음을 돌려 달라고 부탁한다. 결국에는 시력까지 약해져 진짜 주변이 어둑해진 것인지, 아니면 단지 눈 때문에 그런 것뿐인지도 구별하지 못하게 된다. 그러나 이제 어둠 속에서 그는 꺼지지 않고 율법의 문에서 흘러나오는 광휘를 보게 된다.

이제 그가 살날은 얼마 남지 않았다. 죽음을 앞두고 지난 시간 그가 겪은 모든 일들이 그의 머릿속에서 하나의 질문으로 수렴된다. 문지기가 아직 묻지 않았던 질문이었다. 굳어져가는 몸을 더 이상 일으켜 세울 수 없으므로 그는 문지기에게 손짓을 한다. 문지기는 그를 향해 몸이 깊숙이 기울여야 한다. 두 사람 간의 크기의 차이가 그동안 상당히 그 남자에게 불리한 쪽으로 변했기 때문이다. 문지기는 묻는다. "아직까지도 뭘 알고 싶은 게 있다는 건가? 끈질기기도 하군." 그 남자가 말한다. "모든 사람들이 율법을 추구하지 않는가. 그런데 왜 지난 수십 년 동안 나 외에는 율법 안으로 들어가겠다는 사람이 없었는가?" 문지기는 그 남자의 생명이 얼마 남지 않았음을 본다. 그래서 이제 거의 듣지 못하게 된 그의 귀에다 대고 소리 지른다. "여기서는 그 어떤 다른 사람도 입장을 허가받을 수 없었지. 이 출입구는 당신만을 위한 것이니까. 이제 가서 문을 닫아야겠군."

1) 율법의 문과 문지기가 상징하는 것은 무엇인가?

2) 이 남자가 늙어 죽어갈 즈음 '율법의 문에서 흘러나오는 광휘'는 무엇을 의미할까?

3) 문지기는 지금은 출입을 허락해 줄 수 없지만 나중에는 가능하다면서도 결국은 이 남자가 죽을 때까지 들여보내 주지 않았다. 심지어 내 뒤에 있는 문지기들은 더 힘이 세다고 위협하며 남자로 하여금 자기 힘으로 문을 통과하려는 엄두조차 내지 못하게 만들었다. 하지만 최종적으로 문지기는 이 문은 그 남자만을 위한 것이었다고 말한다. 도대체 어떻게 된 영문일까?

4) 이 남자는 많은 준비 끝에 율법의 문 앞에 이르렀으며, 이 문을 통

과하기 위해 문지기에게 사정하고 그를 매수하려 하는가 하면, 심지어 문지기의 옷깃에 사는 벼룩에게까지 부탁한다. 그런데도 결국 이 문을 통과하지 못한 채 죽음을 맞게 된다. 이 남자가 맨 마지막 순간에 깨달은 것은 무엇인가?

6장

레비나스의 인간관

'타인의 얼굴'을 통해 신과 만나는 인간

레비나스$^{Emmanuel\ Levinas}$(1906~1995)는 오랫동안 서양 철학의 중심 주제였던 존재, 자아, 주체 대신에 타자의 존재를 철학의 근본 문제로 부각시킨 인물이다. 아우슈비츠에서 가족과 동료들의 죽음을 목격한 그는 주체 중심의 추상적이고 관념적인 철학의 한계를 절감하고, 기존의 '주체의 철학' 대신 '타자의 철학'을 제창한다.

레비나스에 따르면 구체적인 타자와의 만남이나 외재성과의 접촉 없이 전개되는 우리의 이성적 추론은 언제나 피상적이고 독단적이 되기 쉽다. 그러므로 참된 철학은 오로지 우리 눈앞의 타자와의 구체적인 만남에서 시작해야 한다. 그리고 그 만남의 계기를 통해 우리는 우리 안의 자

Käthe Kollwitz, Frau mit totem Kind, 1903

기중심적 세계에서 벗어나 신성한 세계로 나아가야 한다. 이런 의미에서 우리 눈앞의 타자는 우리에게 주어진 구원의 손길이기도 하다.

1. 전체주의에 대한 비판

'모든 철학은 시대의 아들'이라는 말이 있듯이, 레비나스의 사상도 그의 시대와 삶의 경험을 반영한다. 레비나스는 20세기 초 리투아니아의 유대인 가정에서 태어나 히브리어 성경과 러시아 문학을 읽으면서 성장했고, 독일 철학자 후설과 하이데거의 현상학을 공부했으며, 프랑스로 이주한 후에는 줄곧 프랑스 철학의 영향을 받으며 활동했다. 그러나 그의 철학이 출현하게 된 직접적인 계기는 무엇보다 나치 독일의 출현과 2차 세계대전, 그리고 유대인 학살이라는 끔찍한 경험이다. 그의 부모와 두 남동생이 모두 나치에 의해 학살되었고, 그 자신은 프랑스군으로 참전했다가 포로가 된 다음 독일군 포로수용소에서 가까스로 살아남았다. 이러한 전쟁의 경험은 그에게 서양 철학 자체에 대해 반성할 수 있는 계기를 마련해 주었다.

레비나스가 보기에 전쟁의 폭력과 서양 철학은 둘 다 인간의 인격을 하나의 체계에 종속시킨다는 점에서 모두 전체주의적이다. 전체 체계 속에 들어맞지 않는 부분은 모조리 제거된다. 전쟁의 폭력은 미리 설정한 전체 속에 맞지 않는 부분을 없애 버리는 것인데, 이는 근원적으로 인간의 절대적·인격적 가치를 부인하고 전체성을 우선시하는 철학에서 유래한 것이다. 인간이 전체에 의해 지배되는 방식은 여러 가지이다. 그것은 때로는 역사일 수도 있고, 자연일 수도 있고, 사회 구조일 수도 있다. 하지만 어떤 것이든 이러한 전체성의 체계가 인간과 현실의 의미를 규정할 때 인간은 한 개체로서 자신의 가치를 유지할 수 없다. 레비나스는 이처럼 인간을 전체의 한 부분으로 간주하는 전체주의 철학에 맞서 인간의 존엄성과 책임의 이름으로 대항하고자 한다.

전체주의는 개인의 인격과 존엄성을 무시한다. 개인은 전체의 한 부분으로서만, 즉 전체와의 연관 속에서만 의미를 가진다. 전체주의 속에서 한 개체의 고유성은 존재하지 않는다. 레비나스가 보기에 이제까지 서양 철학은 질적 다양성이나 다원성을 수적 다양성으로 대체하고, 이것을 다시 일원성이나 단일성으로 환원하는 철학이었다. 여기서는 나와 다른 것, 또는 나와 구별되는 타자의 다름은 무시된다. 타자의 다름은 그 자체로 인정받고 존중받기보다 나의 세계로 환원되거나 나와 다르다는 이유로 제외된다. 설사 타자의 존재를 인정한다 하더라도 그는 기껏해야 나에게 필요한 사람이거나 나와 함께 사는 사람에 지나지 않는다. 레비나스는 이러한 철학적 흐름에 대항하여 타자의 존재가 인간 존재에서 차지하는 참다운 위상을 보여 주고자 한다.[1]

---

1 강영안, 『타인의 얼굴: 레비나스의 철학』, 문학과지성사, 2005, 30~31쪽 참조.

2. '주체의 철학'에서 '타자의 철학'으로

앞(제2부 5장 5절)에서 우리는 서양 근대 철학이 '주체의 철학'이라는 점을 살펴본 바 있는데, 이러한 구도는 현대 철학에 이르기까지 이어진다. 데카르트의 '생각하는 나', 칸트의 '자연 세계와 도덕 세계의 입법자인 나', 키르케고르의 '신 앞에서 홀로 결단해야 하는 나', 니체의 '스스로 자신의 가능성을 열어 가는 초인으로서의 나', 하이데거의 '죽음의 불안에 직면한 나'가 철학의 중심 주제인 데에서도 이를 확인할 수 있다. 그런데 이러한 주체의 철학은 두 가지 측면에서 문제점을 안고 있다.

첫째는 허무주의로 빠지기 쉽다는 점이다. 주체가 대상 세계를 자신의 인식 틀을 통해 이해하거나 자신만의 방식으로 구성하는 구도에서는 우주의 중심인 주체가 소멸하는 순간 모든 것이 함께 소멸하기 때문이다. 여기서는 나의 죽음과 더불어 세계도 사라지고 의미도 사라진다. 따라서 나의 죽음 이후를 걱정하거나 타자들을 염려할 이유도 없다. 이런 입장에서는 구원의 가능성도 없다. 거기에는 신도 무한성의 이념도 없기 때문이다. 남는 것이 있다면, 살아 있는 동안 최대한 삶을 즐기는 일뿐이다. 자기 소멸의 불안 앞에서 삶을 즐기는 일만 남는다. 이런 의미에서 허무주의는 쾌락주의와도 통한다.[2]

둘째는 타자에 대한 폭력적 지배를 함축한다는 점이다. '내가 생각

---

2   박찬구, "주체의 철학에서 타자의 철학으로: 노회찬의 죽음을 애도함", 『철학과 현실』 제118호, 2018, 154~155쪽 참조.

한다cogito'와 '내가 존재한다sum'라는 데카르트의 유명한 명제는 근대적 사유의 특징과 근대적 지배 및 권력 이성의 본질을 보여 준다. '내가 생각한다'는 것은 '어떤 사태를 붙잡아 자기 앞에 세운다Vor-stellen'는 것, 즉 대상화를 뜻한다. 이렇게 나는 대상을 '앞에 세우는 자'로서 대상을 닦달하고 문초하는 자로서 존재하며, 존재하는 것들은 나에 의해 표상되고 문초받는 대상으로서 그 존재 의미를 가지게 된다. 이리하여 '생각한다'의 주어인 자아는 존재하는 모든 것의 근거, 곧 주체가 되고, 생각되는 대상인 세계(타자)는 주체의 힘에 따라 지배할 수 있는 존재로 이해된다. 이는 자칫 타자에 대한 배제와 거부, 그리고 폭력적 지배로 이어질 수 있다.[3]

그런데 이러한 주체철학의 구도를 송두리째 폐기한, 아니 거꾸로 뒤집은 사상이 등장한다. 그것이 바로 레비나스의 '타자의 철학'이다.

레비나스의 '타자의 철학'은 주체의 입장에서 전개된 서양 근대 철학을 근본적으로 부정하는 데에서 출발한다. 타자의 일차적 의미는 자아 중심으로 형성되는 내면성에 대해 외재적으로 존재하는 '외재성'을 의미한다. 외재성이란 자아 밖에서, 즉 의식의 외부에서 마주치는 실재를 의미한다. 그런데 외부의 실재 중에는 물질이나 자연처럼 표상과 개념으로 환원되고 통합될 수 있는 것이 있는가 하면, 의식에 의해 침해될 수 없는 초월적인 것도 있다. 이 후자의 영역에 속하는 것으로 타인과 신이 있다. 레비나스는 이들을 총칭하여 '타자'라 부른다.[4]

---

3 강영안, 『타인의 얼굴: 레비나스의 철학』, 55~57쪽 참조.

4 김연숙, 『레비나스 타자윤리학』, 인간사랑, 2001, 103~104쪽 참조.

레비나스가 말하는 타자의 의미를 가장 잘 나타내 주는 개념은 무엇보다도 '무한'의 개념이다. 무한이란 유한한 자아가 타자를 사유 대상으로서 표상하거나 인식의 테두리 안으로 끌어들여 동화시킬 수 없는 절대적 외재성을 가리킨다. 예컨대 유한한 자아의 사유 작용을 벗어나 있는 것들, 죽음의 예측 불가능성, 무한한 과거나 미래의 시간성 등이다. 윤리학적 관점에서 볼 때 타자의 개념은 무엇보다 '타인으로서의 타자'라는 개념으로 압축할 수 있다. 타인으로서의 타자는 자아의 자기중심적 표상의 논리 안으로 포섭될 수 없는 사실적 존재이다. 타자가 결코 나에게로 환원될 수 없는 이유는 그가 '절대적인 다름', '절대적인 타자성'을 지니고 있기 때문이다. 유한한 자아의 사유 작용을 통해 무한의 이념을 구현하는 타자를 가둘 수는 없다.[5]

무한의 이념은 '타자'와의 관계에서 발생한다. 무한의 이념은 사회적 관계이다. 이 관계는 절대적으로 외재적인 존재에 접근하는 데 있다. 사람들이 내포할 수 없는 이 같은 존재의 무한성이 외재성을 구성하고 보장해준다. … 자아는 무한자를 내포할 수 없다. 무한의 이념은 더 작은 것 안에 더 큰 것을 지니고 있는 것, 생각하는 것 이상을 생각하는 사유이다. 그것은 열망으로 나타낼 수 있다. 열망은 무한의 무한성의 척도라고 말할 수 있다.[6]

---

5   같은 책, 107~109쪽 참조.

이처럼 타자는 나의 입장에서 해석하고 동일화하고 흡수할 수 있는 존재가 아니라, 나의 입장으로부터 완전히 독립되고 분리된 존재이다. 말하자면 내가 마음대로 할 수 없는 존재이다. 그뿐만 아니라 시선과 '얼굴의 현현'을 통해 나를 사로잡고 나에게 절대적 책임을 지우는 존재이다.

레비나스에서 '얼굴'은 인간의 얼굴로서, 단적으로 다른 사람의 존재를 보여 준다. 철학적 언어나 논리적 언어로 설명하기 어려운 '얼굴', 즉 '낯빛'의 의미는 레비나스의 타자철학에서 중요한 의미를 지닌다. 얼굴은 나를 바라보면서 나를 주시한다. 나를 향한 타인의 얼굴을 대하면서 우리는 보고, 느끼고, 깨닫는다. 얼굴은 나의 인식 안으로 동화되고 통합되기보다는 오히려 나의 인지 구조를 넘어서는 절대적 다름을 보여 준다. 얼굴로 나타나는 타인, 존재의 직접성, 타인의 시선, 타인의 얼굴의 벌거벗음에서 타자는 더 이상 비인칭적이고 몰인격적인 중립자인 것이 아니라 표현 그 자체이다. 그러므로 얼굴로서의 타자는 비인칭적이고 익명적인 존재이기를 거부한다. 동시에 얼굴은 개체적이며 구체적인 존재를 나타낸다. 얼굴로서 현현하는 타인의 존재 방식은 더 이상 자아에 의해 추상화되고 논리화되는 의식의 내용이 되기를 거부한다.[7]

레비나스에 따르면 얼굴로 내게 다가오는 타자는 강자의 모습이

6　E. Levinas, "Philosophy and the Idea of Infinity", *Collected Philosophical Papers*, trans. by A. Lingis (Netherlands: Kluwer Academic Publishers, 1995), pp. 54~56. 김연숙, 『레비나스 타자윤리학』, 109쪽에서 재인용.

7　김연숙, 『레비나스 타자윤리학』, 117~118쪽 참조.

아니라 낯설고 비참한 이방인의 모습으로 나타난다. 여기서 '윤리'가 시작된다. 타인은 그의 비참함 가운데, 자기방어가 불가능한 가운데, 신체적·도덕적 우월성을 상실한 가운데, 정말 낮고 비천한 가운데, 쉽게 상처받을 수 있는 가운데, 나에게 요구하고 호소한다. 비천함에 처한 타인이 나에게 간청하며 호소해 올 때, 그 호소로 인해 나의 자유가 문제시될 때, 이때 비로소 윤리적 관계가 등장한다.[8]

> [타자의] 무한은 나의 능력들을 마비시키는 윤리적 저항 속에 얼굴로서 자신을 제시하며, 자신의 벌거벗음과 비참함 속에서 무방비 상태인 눈의 깊은 곳으로부터 자신을 견고하고 절대적으로 들어올린다. … [이렇게 그는] 자신의 고유한 현현에 참석하고, 그렇게 함으로써 내게 호소한다. … 자신의 벌거벗음 속에서, 즉 자신의 비참함과 배고픔 속에서 어떠한 이미지로도 매개되지 않은 채 대면의 올곧음 자체로서, 현현으로 환원될 수 없는 방식으로 자신을 현시한다. … 나는 그의 호소에 귀머거리가 될 수는 없다. 그러므로 자기를 부과하는 존재는 표현 속에서 나의 자유를 제한하는 것이 아니라 오히려 증진시킨다. 나의 선함을 불러일으킴으로써 그렇게 하는 것이다.[9]

배고프고 헐벗은 가운데, 사회적 불의 가운데 나에게 호소해 오는

---

8 강영안, 『타인의 얼굴: 레비나스의 철학』, 181쪽 참조.
9 레비나스(김도형 외 역), 『전체성과 무한』, 그린비, 2018, 295~296쪽.

타인은 지금까지 제한 없이 자유를 행사하던 나에게 충격으로 다가온다. 타인은 그의 벌거벗은 얼굴을 통해 나를 판단하고 정죄한다. 타인은 나를 고발하고 나를 소환한다. 이와 같은 타인의 얼굴의 호소를 통해 나는 나의 자기중심적인 삶에 대해 대답하도록 요구받는다. 이 요구로 나는 상처받고 고난받는다. 도망을 시도해도 불가능하다. 타인은 나를 끝까지 따라온다. 이처럼 타인의 얼굴로부터 오는 윤리적 호소는 나에게 행복을 주기보다 오히려 고통을 준다. 나만이 누리던 자유가 부당함을 일깨우고, 타인을 수용하고 내 것을 내어놓고 타인을 환대하도록 요구한다. 응답을 요구하는 타인의 부름에 내가 '응답할 때', 나를 '응답할 수 있는' 존재로 세울 때 나는 비로소 '응답하는 자'로서 '책임적 존재' 또는 윤리적 주체로서 탄생한다.[10]

레비나스에 따르면 타인에 대한 나의 책임은 나의 자유에 선행한다. 그것은 나의 존재 이전에, 나의 의식 이전에 이미 나에게 침투해 들어온다. 타인의 얼굴은 나에게 책임을, '응답해야 할 의무'를 일깨워 준다. 자유를 근거로 도덕적 책임을 이끌어 낸 칸트와는 정반대로 레비나스는 자유에 앞서서, 즉 나의 자율과 능동적 행위에 앞서 나에게 부과된 책임의 의미를 밝혀 준다. 타인의 침입은 나를 도무지 편하게 잠들 수 없는 상황으로 내몬다. 이렇게 타인의 일깨움으로 생긴 불면(윤리적 불면)은 나를 주목하게 만들고 나를 책임적 존재로 만든다.[11]

---

10 강영안, 『타인의 얼굴: 레비나스의 철학』, 182~183쪽 참조.

11 같은 책, 185쪽 참조.

타인의 부름을 거부하는 일은 나 자신의 일에 몰두하든지, 아니면 다른 일에 몰두하든지, 또는 어떤 핑계와 이유를 대는 일을 통해 가능하다. 말하자면 나의 집 문을 꽁꽁 걸어 잠그고 타인으로부터 분리된 채 자기중심적으로 살아갈 수 있다. 하지만 이는 책임으로부터의 도피이며 윤리적 의미의 '악'이다. 타인에 대한 책임을 거부하는 것은 모든 윤리적 악의 근원이며 곧 '죄'이다.[12]

그렇다면 '선'이란 무엇인가? 그것은 타인의 호소를 수용하고 받아들이는 것이다. 타인의 수용은 자신의 문을 열고 타인을 영접하는 '환대'로 나타난다. 응답과 환대는 일종의 자기희생이고 자기를 내어 주는 것이다. 내가 좋아하고 내가 아끼는 나의 몸, 나의 살, 나의 마음을 타인에게 주는 것이다. 이러한 줌과 희생은 어떤 반대급부를 기대하지 않는다. 진정한 선행은 어떤 보상도 전제하지 않는다. 이렇게 계산을 뛰어넘어 행하는 선은 '존재 안에서는 결손이고 시듦이며 어리석음이지만, 존재를 넘어서는 탁월함이며 높음'이다. 이런 순수한 사랑이야말로 나에게 갚을 가능성이 없는 사람을 사랑하고 원수를 사랑하는 사랑이다.[13]

12　같은 책, 189쪽 참조.
13　같은 책, 189~193쪽 참조.

3. 고통의 윤리

　이런저런 이유로 오늘날 우리는 타인의 고통에 대해 둔감한 채 살아가기 쉽다. 이런 우리에게 '고통받는 인간'과의 마주침은 하나의 도전으로 다가온다. 왜냐하면 고통받고 있는 그들의 고통스러운 얼굴이 우리를 불편하게 하기 때문이다. 고통받는 인간은 어떤 추상적인 존재로 우리에게 나타나지 않는다. 추상적인 존재는 신음하거나 절규하지 않는다. 반면 고통당하는 사람은 구체적인 인간으로, 고통에 일그러진 모습으로 우리 앞에 나타난다. 그 얼굴은 우리에게 호소하고 항의하고 절규한다. 그가 우리에게 그렇게 할 권리가 있는지 없는지를 따지기에 앞서 우리는 그가 그렇게 할 수밖에 없음을 이해한다. 그는 '지금' 우리 눈앞에서 고통을 당하고 있기 때문이다!

　우리는 '고통받는 인간'이라는 말을 '이성적인 존재' 혹은 '유희하는 존재'라는 말을 들을 때처럼 편안한 마음으로 들을 수가 없다. '고통받는 인간'은 고통스러운 얼굴로 우리를 바라보기 때문이다. 그래서 어떤 경우에는 그 얼굴을 피하기 위하여, 그 눈길을 견딜 수 없어서, 얼굴을 돌리지 않을 수 없다. 그의 호소와 원망과 항의를 듣고 "당신의 고통은 당신의 것일 뿐, 나와는 아무 상관 없소!" 하고 말할 수 없다. 내가 같이 고통을 당하지 않는다는 사실이 나를 죄인으로 만드는 것이다. 그 고통으로부터 그 사람을 구해 내지 못하는 데에서 오는 무력감과 미안함, 그 사람과 같이 고통을 당하지 않음으로 특권을 누리고 있다는 사실에서 생기는 죄의식이 우리를 엄습해 오는 것이다. 그러므로 고통 앞에서 우리는 냉정하게 객관적이거나 이론적이 될 수 없고 오히려 윤리적이 될 수밖에 없다. 타인의 고통은 어떤 권리를 가지고 나에게 요구하면서 나의 의무를 일깨우고 나의 행동을 촉구하는 것이다.[14]

레비나스에 의하면 고통은 주체성의 핵심적인 요소이다. 진정한 의미의 주체는 타인에 대해 열려 있고 타인을 위해 고통받을 수 있음을 의미한다. 레비나스에게는 고통받는 타인에 대한 나의 책임이야말로 모든 의미의 원천이다.[15]

고통받는 타인의 호소에 응답한다는 것은 그를 위해 책임을 진다는 것, 그의 짐을 대신 들어 준다는 것을 뜻한다. 그리고 이것이야말로 순수한 의미에서 '윤리적'인 것이다. 즉 윤리적이 된다는 것은 타인의 고통과 고난에 자기 자신을 노출시키는 것이다. 고통은 인간 상호 간의 윤리적 전망을 열어 준다. 타인의 고통에 관심을 가질 때, 고통에 시달리는 사람의 신음과 한탄에 귀 기울일 때, 바로 그때 삶에 대한 윤리적 전망이 열릴 수 있다. 이처럼 (다른 근대 윤리학자들과는 달리) 레비나스는 타인의 고통에 대한 관심을 우선시하고, 그 외에 도덕법칙에 대한 존경이나 행복, 또는 공동체의 보존과 같은 것은 윤리에서 단지 부차적인 것으로 간주한다.[16]

원래 고통은 의학적으로 중요한 의미를 지닌다. 우리 신체에 어떤 이상이 생길 때 그것을 알려 주는 신호가 바로 고통이다. 이렇게 신호

---

14   손봉호, 『고통받는 인간: 고통문제에 대한 철학적 성찰』, 서울대학교출판부, 1995, 203~205쪽
      참조.

15   강영안, 『타인의 얼굴: 레비나스의 철학』, 211~212쪽 참조.

16   같은 책, 225~226쪽 참조.

를 보냄으로써 고통은 치명적 질병으로부터 우리를 지켜 준다. 이와 같은 '생물학적 합목적성'을 통해 우리는 고통에 의미를 부여할 수 있다. 또 고통에는 문화적 기능이 있을 수 있다. 흔히 탁월한 문화적 성취치고 고통 없이 이루어진 것은 없다고 사람들은 말한다. 그뿐만 아니라 '젊어 고생은 사서라도 한다'라는 말처럼 고통스러운 단련의 과정 없이 진정한 깨달음이나 성취는 있을 수 없다고도 말한다. 칸트 역시 악과 고통은 인간 역사와 사회 및 문화의 진보에 기여한다고 믿었다.

하지만 레비나스는 이러한 유용성이나 합목적성을 통해서 고통을 정당화하기를 거부한다. 이는 그가 '죽음의 수용소'에서 아무런 의미를 찾을 수 없는 절대 고통과 절대 악을 목격했기 때문이다. 그래서 "고통은 그 자체로는 무의미하고 부조리할 뿐이며, 어떤 이데올로기도, 어떤 형이상학적 목적론도, 존재하는 고통과 악을 정당화할 수 없다"라고 단언한다.[17]

그런데 여기에 조건이 하나 붙는다. 고통은 이처럼 그 자체로는 무의미하되, 타인의 고통을 덜어 주기 위한 고통이라면 의미가 있을 수 있다는 것이다. 타인의 고통과 나의 고통에는 근본적으로 차이가 있다. 나의 고통은 직접적인 반면 타인의 고통은 단지 간접적이라는 이야기가 아니다. 오히려 타자의 고통은 '눈감아 줄 수 없는 것'으로서 나에게 응답을 요구한다. 이것은 내가 처한 '피할 수 없는 상황'이다. 말하자면 '나는

---

17 이러한 막다른 상황에서 우리는 다음과 같은 질문을 던지게 된다. "우리는 여전히 신을 믿을 수 있는가? 우리는 진리가 [비록 지금은 고통 중에 있지만 결국에는 승리할 것이라고 아이들에게 가르칠 수 있는가? 신앙과 윤리에 관해서 말할 수 있는 가능성이 아직도 열려 있는가?"(강영안, 『타인의 얼굴: 레비나스의 철학』, 223쪽).

타자에게 사로잡혀' 있다. 이처럼 타인의 고통을 대신할 수 있을 때, 다시 말해 타인을 위한 '볼모'가 되어 줄 때, 그때 비로소 이 세계 안에는 연민과 동정과 자비가 있을 수 있다. 그러므로 우리의 주체성, 즉 주체의 주체 됨은 타인을 대리할 수 있는 능력에 의해 구성된다. 타인을 수용함, 타인의 짐을 대신 짊어짐이야말로 주체성의 핵심이다.[18]

'볼모'라는 단어가 의미하는 바는 바로 '대신함'이다. 그러나 대신함은 내가 누구를 동정할 때 그렇게 하듯이 '나를 어떤 사람의 자리에 두는 것이 아니다. 대신함은 '속죄'의 방식으로 타인을 위해 고통당함을 뜻한다. 이러한 '속죄'만이 모든 동정을 가능하게 한다.

그 형식적인 구조로 볼 때 '볼모로서의 주체성'이라는 개념은 '정립'으로 특징지어지는 주체 개념이나 우리가 '자아'라고 부르는 주체 개념을 뒤집는 것이다. '자아'는 세계 속에 또는 세계 앞에 자신을 정립한다. 그리고 이 정립은 '자아'가 자기 자신에 현존함을 뜻한다. '자아'로서의 주체는 스스로를 유지하고 스스로를 소유하는 자다. 그는 세계의 주인이듯 그 자신의 주인이다. … [그러나] 타인과의 관계 속에서 이 자기 현존[자아]은 애초부터 타자에게 패배한다. 주체, 즉 자기를 근거로 삼는 이 유명한 주체는 타인의 말 없는 고발 또는 요구에 의해 낙마한다. 그 요구에 나는 말로써 응답할 수 없지만, 그 책임을 거부할 수도 없다. … 그러므로 우리는 '자유가 우선하는 게 아니라는' 점을

18 같은 책, 227~228쪽 참조.

알아야 한다. 나는 자유에 앞서 책임을 진다. … 여기서 자유란 어느 누구도 나를 대신해서 할 수 없는 것을 행할 가능성을 의미한다.[19]

4. 타자 속의 하느님

레비나스가 말하는 타자는 요즘 용어로는 '사회적 약자'들이다. 내 밖의, 나를 초월한 타자와의 만남은 고아, 과부, 난민과 같은 없는 자, 가난한 자에 대한 관심과 배려에 있다. 레비나스에 따르면, 신은 사물을 포착하고 대상화하는 우리의 눈으로는 볼 수 없다. 이런 의미에서 신은 볼 수 없는 존재요, 표상할 수 없는 존재이다. 그러나 정의를 행할 때, 다시 말해 없는 자와 가난한 자를 돌아볼 때, 그들의 생존과 권리를 옹호할 때 그때 나는 신을 볼 수 있다. 나는 이들 타자를 통해서 신을 만난다. 낯선 이로서의 타자가 나에게 환대를 호소해 올 때, 그를 영접하고 받아들임으로써 우리는 신을 영접하고 받아들이게 된다.[20]

우리는 타인의 얼굴을 떠나 어떠한 형상이나 모습으로도 신을 표상할 수 없다. 우리가 신에 대해 말할 수 있는 것은 단지 우리의 이해 방식이나 경험 방식으로는 결코 알 수 없고 경험할 수 없는 존재라는 것 정도이다. 신학이 흔히 범하는 오류 중 하나는 불가해한 수수께끼인 신의

19 레비나스(자크 롤랑 편, 김도형 외 역), 『신, 죽음 그리고 시간』, 그린비, 2013, 273~275쪽.
20 강영안, 『타인의 얼굴: 레비나스의 철학』, 265~266쪽 참조.

창조를 마치 현상인 것처럼 원인과 결과의 도식을 적용해 말하는 데 있다. 신은 불가해하고 헤아릴 수 없는 존재로서 원인과 결과의 도식을 통해서는 결코 드러날 수 없다. 신은 오직 타인의 얼굴에 자신의 '흔적'만을 남기고 우리 앞을 '지나감'으로써 간접적으로 드러날 수 있을 뿐이다. 그래서 우리가 신에 대해 말할 수 있는 방식은 타자와의 만남을 통해, 타자와의 만남을 그리는 것으로써만이다.[21]

　　레비나스에게 타인과의 관계와 신과의 관계는 완전히 일치한다. 신과 관계 맺는 유일한 방법은 타자의 얼굴의 요청에 응답하는 것이며, 그것을 통해서 선하게 되는 것이다. 형이상학 역시 신학의 문제가 아니라 바로 윤리학과 관련된 문제이다. 인간과의 관계를 떠나서 신에 관한 인식이란 있을 수 없으며, 인간에 대한 실천을 외면한 채로 신과의 관계는 가능하지 않다.[22]

　　형이상학은 사회적 관계가 행해지는 곳에서, 우리가 사람들과 맺는 관계 속에서 행해진다. 인간들과의 관계로부터 분리되어서는 **신**에 대한 어떠한 '인식'도 있을 수 없다. **타자**는 형이상학적 진리의 중심이며, 신과 나의 관계에서 불가결하다. **타자**는 매개자 역할을 하는 것이 아니다. **타자**는 신의 육화가 아니라, 바로 그의 얼굴을 통해서 **신**이 계시되는 높이의 현현이다.[23]

21　같은 책, 269~271쪽 참조.
22　김연숙, 『레비나스 타자윤리학』, 105~106쪽 참조.

늘 바쁘게 돌아가는 일상 속에서 고통받는 타인의 처지는 우리에게 직접적으로 다가오지 않는다. 그냥 스쳐 지나가기 십상이다. 여기서 우리의 반성이 요구된다. 타인의 고통에 대한 우리의 무감각, 주변을 돌아보며 성찰하지 않고 자기중심적 세계 속에 갇혀 지내는 우리의 삶의 방식에 반성이 요구되는 것이다. 하지만 기존의 철학은 타자의 처지에 대한 생생한 공감을 불러일으키는 데 한계를 보인다. 이에 우리는 아우슈비츠의 처절한 상황에서 출발한 레비나스의 타자철학에 주목하게 된다. 타자의 철학은 주체의 입장에서 객체(대상 세계)를 인식하고 해석하는 기존의 철학과 달리, 타자를 중심에 두고 우리가 그의 부름에 응답해야 함을 주장한다. 모든 사고와 행위에서 우리 자신을 중심에 놓으면 안 되며, 오로지 타인의 얼굴을 주목하고 그의 절박한 요구에 무조건 응해야 한다는 것이다. 그 부름에 응하는 일, 즉 타자의 고통을 책임지는 일을 통해 우리는 잃어버린 신성한 세계를 되찾고, 진정한 삶의 의미를 발견할 수 있다는 것이다.

레비나스의 철학은 과학과 계몽의 세례를 받은 이후 신을 잃어버린 세상에서, 허무주의와 쾌락주의가 만연한 이 시대에, 이웃의 인격을 존중하고 윤리를 가능케 하며, 이웃과의 나눔과 평화의 삶을 통해 만날 수 있는 신에게 자리 아닌 자리를 부여하는 철학이다. 이것은 타인의 얼굴과의 만남을 통해 나의 삶에 의미를 얻게 해 주는 '의미의 철학'이며, 지극히 일상적이고 물질적인 삶의 차원의 의미를 회복시키는 일상적 '삶의 철학'이다.

---

23 레비나스(김도형 외 역), 『전체성과 무한』, 105~106쪽.

1. 다음 두 편의 글을 읽고 레비나스가 생각하는 '윤리'란 어떤 것인지 말해 보자.

동일자의 자기중심적 자발성 안에서는 행해질 수 없는 동일자에 대한 문제 제기가 타자에 의해서 행해진다. 우리는 타인의 현전이 나의 자발성을 문제 삼는 것을 윤리라고 한다. 타인의 낯섦 —타인을 나로, 내 사유와 내 소유로 환원할 수 없다는 것— 은 바로 나의 자발성을 문제 삼는 것으로서, 윤리로서 성취된다. 형이상학, 초월, 동일자에 의한 타자의 맞아들임, 나에 의한 타인의 맞아들임은 구체적으로는 타자에 의해 동일자를 문제 삼는 것으로서, 즉 앎의 비판적 본질을 성취하는 윤리로서 생산된다.[24]

윤리는 정신적 광학이다. 주체–대상의 관계는 윤리를 반영하지 않는다. 주체–대상 관계로 이끄는 비인격적 관계 속에서는 신에 접근할 수 없다. 보이지 않지만 인격적인 신은 인간의 모든 현전 바깥에서는 접근되지 않는다.[25]

---

24 같은 책, 43쪽.
25 같은 책, 105쪽.

2. 레비나스의 사상에서 가장 인상적인 개념 중 하나는 '얼굴'이다. 다음 글들을 통해 그가 말하는 '얼굴' 및 '얼굴의 현현'의 의미를 파악해 보자.

타자가 **내 안에 있는 타자의 관념**을 넘어서면서 자신을 제시하는 방식을 우리는 얼굴이라고 부른다. 이러한 **방식**은 내 시선 아래에서 주제로 모습을 나타내는 데서 성립하지 않으며, 하나의 이미지를 형성하는 성질의 총체로 스스로를 펼치는 데서 성립하지도 않는다. 타자의 얼굴은 매번 그것이 나에게 남기는 가변적 이미지, 내 자신의 척도에 존재하는 관념과 그 **관념의 대상**―적합한 관념― 을 파괴하고 넘어선다. 타자의 얼굴은 이러한 성질들에 의해서가 아니라 그 자체로 현현한다. 그것은 **스스로를 표현한다.**[26]

얼굴은, 신들이 작별을 고하자 드러나는 대리석처럼 그것을 드러내는 존재에 의해 언제나 이미 버려지고 배신당하는 가변적 형태를 닮지 않는다. 그것은 발견될 수 없는 존재의 야만적 어리석음을 지닌 동물의 얼굴과는 다르다. 얼굴에서 표현된 것은 그 표현 속에서 **현전하고,** 그 표현 자체를 표현하며, 언제나 그것이 전달하는 의미의 주인으로 남는다. 그 방식에 있어 "순수 작용"인 그것은 동일성이 부여되는 것을 거부하며, 이미 알려진 것으로 환원될 수도 없다.[27]

---

26 같은 책, 56~57쪽.
27 레비나스, 『후설과 하이데거와 더불어 존재를 발견하면서』(*EDE*, 173). 콜린 데이비스(주완식 역), 『처음 읽는 레비나스』, 동녘, 2014, 200~201쪽에서 재인용.

살해보다 더 강한 이 무한은 이미 타인의 얼굴 속에서 우리에게 저항한다. 이 무한은 타인의 얼굴이고, 본래적 표현이며, '너는 살해할 수 없을 것이다'라는 최초의 말이다. 무한은 살해에 대한 무한한 저항으로 능력을 마비시킨다. 이 저항은 지속되는 것이고 없앨 수 없는 것으로, 타인의 얼굴 속에서, 무방비한 그 눈의 완전한 벌거벗음 속에서, 아무런 방비 없이, 초월적인 것이 절대적으로 열리는 벌거벗음 속에서 빛난다. 여기에 한 관계가 있다. 매우 큰 저항과 맺는 관계가 아니라, 절대적으로 **다름**의 어떤 것과 맺는 관계가 있다. 아무런 저항도 없는 것의 저항이, 윤리적 저항이 있다. 얼굴의 현현epiphany은 무한을 살해의 유혹으로부터 헤아릴 이와 같은 가능성을 불러일으킨다. 즉 전적인 파괴의 유혹으로서뿐 아니라 이 같은 유혹과 시도의 불가능성 —이것은 순전히 윤리적 불가능성이다— 으로서 헤아릴 가능성을 불러일으킨다. … 얼굴의 현현은 윤리적이다. 이 얼굴은 투쟁으로 위협할 수 있으나, 그 투쟁은 표현의 초월성을 **전제한다**. 얼굴은 돌발적 사건인 투쟁으로 위협하지만, 이러한 위협은 무한의 현현을 고갈시키지 않으며, 무한이 건네는 최초의 단어를 정식화하지도 않는다.[28]

---

28 레비나스(김도형 외 역), 『전체성과 무한』, 293~294쪽.

찾아보기